Habilitación para la docencia en grados A, B y C del Sistema de Formación Profesional

Guía para el docente y solucionarios

Editado por: IC Editorial
c/ Cueva de Viera, 2, Local 3
Centro Negocios CADI
29200 Antequera (Málaga)
Teléfono: 952 70 60 04
Fax: 952 84 55 03
Correo electrónico: iceditorial@iceditorial.com
Internet: www.iceditorial.com

Guía para el docente y solucionarios:
Habilitación para la docencia en grados A, B y C
del Sistema de Formación Profesional

1ª Edición

ISBN: 978-84-1184-388-1
Depósito Legal: MA 2226-2024

Impresión: PODiPrint
Impreso en Andalucía - España

Nota de la editorial: IC Editorial pertenece a Innovación y Cualificación S. L.

Índice

Guía para el docente: técnicas de enseñanza y aprendizaje

Contenido

1. Introducción

El presente capítulo está destinado a ofrecer al cuerpo docente responsable de la enseñanza del programa de cualificaciones profesionales y certificados de profesionalidad, una guía metodológica para obtener el máximo rendimiento de los contenidos formativos que han sido desarrollados para el presente título.

La mejora de las habilidades comunicativas y la aplicación de una metodología contrastada de enseñanza, aprendizaje y evaluación permitirá transmitir el conocimiento y adquirir el programa formativo de la forma más efectiva y práctica posible.

Estudiaremos cuáles son los principales elementos que forman parte de la comunicación profesor-alumno, a través de una cuidada selección de sistemas de planificación de estrategias didácticas, así como la utilización de medios y recursos didácticos.

La integración de todas las actividades planificadas alrededor de un plan de formación adaptado e individualizado, aumentará además la satisfacción del alumnado por la utilización de un sistema no lineal e interactivo que se retroalimenta gracias a la relación establecida entre la propia metodología y los actores que forman parte de la enseñanza.

2. El programa de formación

Una de las claves del éxito de la mayoría de las actividades que se realizan en general, y concretamente en la formación, es la **programación.** Es necesaria la programación de las acciones formativas, para que así se pueda alcanzar el objetivo final, es decir, que el alumno obtenga una buena capacitación y adquiera nuevos conocimientos en su repertorio y que, después, sea capaz de emplearlos en su trabajo.

2.1. Definición de programación

Cuando se habla de **programación,** se pueden encontrar multitud de definiciones. Para sintetizar, se podría definir como la actividad de enunciar lo que se quiere hacer (objetivos, contenidos, métodos, temporalización, medios y recursos didácticos y evaluación).

 **DEFINICIÓN**

Programación

Es un plan donde se establecen las acciones que se van a realizar en un proceso de enseñanza-aprendizaje, por medio de un formador o un equipo.

A continuación, se va a describir una serie de características que tiene que tener una programación didáctica:

- Dinámica. Una programación no es estática ni está acabada, siempre está en constante revisión, de ahí su dinamismo. Además va cambiando o evolucionando según los resultados de la evaluación continua que se va realizando durante la ejecución de la acción.
- Flexible. Esta característica permite que se puedan hacer cambios, ampliaciones, reducciones y actualizaciones de los contenidos y actividades programadas, según las necesidades que se observen.
- Creativa. La programación como es un diseño propio y exclusivo, exige creatividad y originalidad. El docente es el que decide sobre el quehacer en el aula teniendo en cuenta las características del grupo, las necesidades que se pretenden satisfacer y las propias posibilidades.
- Prospectiva. La programación consiste en hacer un pronóstico de la interacción que se va a producir en el aula.

⊃ Sistemática. La programación es un proceso sistematizador que da coherencia a la acción formativa, ya que tiene en cuenta todos los elementos (objetivos, contenidos, métodos, temporalización, medios y recursos pedagógicos y evaluación) que intervienen en el acto educativo y analiza sus relaciones.

⊃ Integradora. Permite integrar elementos de cualificación técnico-profesionales con elementos de cualificación personal de alumnado.

⊃ Funcional. Toda programación debe basarse en el perfil profesional de la ocupación y estructurar los contenidos formativos que proporcionan las competencias de ésta.

2.2. Elementos de la programación

Antes de empezar cualquier programación formativa, es necesario tener en cuenta los datos obtenidos del análisis de la ocupación y del grupo al que se dirige la acción formativa. A partir de esta información, se determinan los elementos que van a conformar la programación.

Cuando se realiza la programación de un curso, hay que plantearse previamente las siguientes preguntas:

1. ¿Qué quiero conseguir con la formación?	**OBJETIVOS**
2. ¿Qué conocimientos deben asimilar los alumnos para alcanzar los objetivos propuestos?	**CONTENIDOS DEL CURSO**
3. ¿Cómo trabajamos en el aula? ¿Qué actividades son las que realizamos?	**MÉTODOS DE ENSEÑANZA**
4. ¿Cuánto tiempo tengo y cuánto dedico a cada módulo?	**TEMPORALIZACIÓN**
5. ¿Qué medios y recursos didácticos se necesitan para poder llevar a cabo esas actividades?	**MEDIOS Y RECURSOS DIDÁCTICOS**
6. ¿Cómo sabemos que se ha producido el aprendizaje?	**EVALUACIÓN**

3. Factores determinantes de la efectividad de la comunicación en el proceso de enseñanza-aprendizaje

En toda comunicación que se produzca en el proceso de enseñanza-aprendizaje, existen factores determinantes que obstaculizan o refuerzan este proceso.

3.1. Obstáculos de la comunicación

Relacionados con el emisor

- ⮑ No expresar de forma clara qué mensaje se quiere transmitir.
- ⮑ Comentar algo a lo largo de la explicación que no sea lo correcto y pueda resultar desagradable.
- ⮑ Cambiar el tema de conversación.
- ⮑ Desviarse del tema que se está tratando.
- ⮑ No mirar al receptor cuando se quiere expresar algo.
- ⮑ No estar atento a las señales que emite el receptor.
- ⮑ Expresar alguna idea a través de los gestos que no se corresponda con la idea a comunicar.

Relacionados con el receptor

- ⮑ No comprender las ideas que quiere expresar el emisor.
- ⮑ No pedir explicación al emisor de aquella información que no le haya quedado clara.
- ⮑ Interrumpir al emisor cuando está hablando.
- ⮑ Captar algo diferente a lo que el emisor desea transmitir.

Relacionados con el mensaje

- ⮑ Mensaje confuso.
- ⮑ Mensaje muy corto.

- Mensaje muy extenso.
- Abuso de muletillas.
- Utilización de frases sin terminar.
- Dar "rodeos" para decir la idea principal.

Relacionados con el contexto

- No ser el momento adecuado para transmitir algo.
- No saber escoger el lugar oportuno.
- La presencia de ruidos y de interferencias.
- No pensar en las personas que están cerca.

Relacionados con el código

- No utilizar el mismo código que la persona con la que se habla o a la que se escucha.
- No adaptar el vocabulario a la situación o a la persona con la que se conversa.
- Utilizar el doble sentido.

3.2. Sugerencias para el mejor funcionamiento de la comunicación

Emisor

- Acostumbrarse a planificar la comunicación.
- Concretar visiblemente los objetivos.
- Buscar la retroalimentación en la comunicación.
- No tratar de impresionar al receptor.

Mensaje

- Que sea claramente entendido por el receptor.
- Que la terminología usada sea de referencia común.
- Que reclame la atención y el interés del alumnado.
- Que sea sencillo de interpretar.

- ⮑ Que su contenido sea adecuado y convincente.
- ⮑ Que produzca el máximo efecto posible.

Canal

- ⮑ Que sea el más apropiado al grupo al que se dirige, al contenido del mensaje y al objetivo que persigue el formador.
- ⮑ Que sea el que cause mayor impacto en el receptor.
- ⮑ Que sea el más eficaz.
- ⮑ Que sea el que mejor domine el formador.

4. La comunicación verbal y no verbal en el proceso instructivo

Los medios de comunicación pueden agruparse en dos grandes bloques: los **medios verbales,** que son aquellos que usan la lengua como código compartido; y los **medios no verbales,** que son los que se fundamentan en otros códigos simbólicos. A su vez, dentro de los medios verbales, están el medio escrito y el medio oral.

Cada uno de estos medios tiene sus ventajas y sus inconvenientes, por lo que la selección del medio deberá tener en cuenta las circunstancias y características que en cada caso presenta el comunicador, la audiencia y el mensaje que se ha de transmitir.

4.1. Los medios verbales

La comunicación verbal

La comunicación verbal se utiliza para comunicar ideas o dar información, opiniones, expresar o describir sentimientos, etc. Sirve de vehículo a los contenidos explícitos del mensaje. Para garantizar la efectividad de la comunicación, es necesario que el mensaje se presente de forma descriptiva y operativa, pero siempre teniendo muy en cuenta el código común del grupo al que va dirigida esta comunicación.

Un uso correcto del lenguaje oral ayuda a acercarse más a los alumnos. Los principales aspectos a considerar son los que aparecen a continuación.

Construcciones gramaticales

El objetivo será transmitir el mensaje de la manera más clara posible. Se deben evitar los giros rebuscados, la sintaxis complicada y las metáforas. En las explicaciones y conversaciones debe primar el contenido sobre la forma.

Vocabulario

Es importante saber qué palabras van a expresar mejor los conceptos que se desean transmitir y las que pueden ser comprendidas mejor por los alumnos. El análisis previo de los alumnos ayuda a saber qué términos técnicos se pueden utilizar sin problemas, cuáles se tienen que explicar y cuáles se deben evitar.

En general, siempre hay que mantenerse dentro de un lenguaje formal, evitando los vocablos demasiado coloquiales, las palabras extranjeras, las referencias académicas y expresiones de carácter religioso, político, deportivo o cultural, que pueden resultar agresivas para los alumnos.

Ejemplos

Los conceptos abstractos que pueden aparecer y que dificultan la adquisición de los contenidos, tienen que ser expresados mediante las explicaciones del formador, siempre apoyándose en la visualización.

La comunicación escrita

La comunicación escrita posee un carácter más veraz que la oral. La interacción que tiene lugar entre el emisor y el receptor no es inmediata, en algunas ocasiones no llega a producirse jamás. Este tipo de comunicación ofrece más oportunidades expresivas y mayor complejidad gramatical, sintáctica y léxica. También hay que tener en cuenta que a veces dificulta la expresión y/o puede no proporcionar *feedback* de manera inmediata.

4.2. Los medios no verbales

Al igual que las palabras, los elementos de la comunicación no verbal son signos que representan una idea (se excluyen todos los signos lingüísticos).

A diferencia de la comunicación verbal, su función no se centra sólo en la transmisión de contenido, sino que traspasa esa frontera para expresar también las emociones del emisor, controlar la interacción y proporcionar *feedback* del efecto que el mensaje produce en el receptor. Todas estas funciones son muy útiles para el formador, tanto en su tarea de transmisor de conocimientos como en la tarea de motivar y dirigir al grupo.

A continuación, se detallan las diferentes categorías en las que se agrupan los elementos de la comunicación no verbal.

Kinesia

Posturas

Una de las primeras cosas que el formador debe transmitir a sus alumnos es confianza y seguridad, lo que puede conseguirse a través de una postura erguida (sin llegar a ser arrogante), de pie, apoyándose sobre los dos pies y manteniendo la cabeza alta.

Esta postura es útil, especialmente durante la presentación del curso, porque ayuda a relajar el cuerpo, a facilitar la respiración y a controlar las muestras de nerviosismo, al tener un buen apoyo en el suelo.

A medida que avanza el curso, se pueden adoptar otras posturas que faciliten el descanso (apoyarse), el acercamiento (echar el cuerpo hacia delante) o que resten protagonismo (sentarse).

_____

Gestos

Los gestos son un buen aliado del formador, excepto cuando éste se siente incómodo o nervioso. Gestos de carácter adaptador, como rascarse o colocarse la ropa, pueden delatar su estado emocional.

La mayoría de los gestos cumplen la función de reforzar el mensaje verbal (ilustradores), aunque existen otros cuya función es regular las intervenciones cuando se dirige una discusión de grupo.

_____

Expresiones faciales

Las expresiones de la cara transmiten las emociones y permiten obtener fácilmente una respuesta del alumno.

Una expresión facial agradable, como una sonrisa no forzada, facilita la creación de un ambiente relajado en el aula. Una sonrisa puede ser muy útil también para romper la tensión que inevitablemente surge en algunas sesiones.

_____

Mirada

La mirada, junto con la postura, es uno de los mejores métodos para transmitir confianza (en momentos de nerviosismo se tiende a apartar la vista) y para captar la atención de los alumnos.

Mientras el formador habla debe mantener la mirada sobre los alumnos la mayor parte del tiempo, mirándolos el tiempo suficiente como para que se sientan atendidos pero no incómodos. También se puede utilizar la mirada durante las discusiones de grupo, con una función reguladora de las distintas intervenciones.

Desplazamientos

Realizar desplazamientos en el aula capta la atención del alumnado, además de facilitar el contacto visual. Hay que procurar que no sean repetitivos o bruscos (pasear cerca de los alumnos), y cambiar de un recurso a otro (ir de la pizarra al retroproyector), etc.

 **RECUERDE**

Los recursos no verbales que estudia la Kinesia son:

- Posturas.
- Gestos.
- Expresiones faciales.
- Mirada.
- Desplazamientos.

Estos recursos pueden utilizarse tanto para reforzar lo que se expresa mediante la comunicación verbal como para sustituirlo.

- -

Proxémica

El aspecto de la proxémica que más interesa es la proximidad física entre los individuos, ya que los alumnos pueden sentirse violentos si el formador se aproxima excesivamente a ellos o, por el contrario, verle distante si no se acerca.

Se debe prestar atención a este aspecto, tanto durante las intervenciones como al distribuir el espacio del aula que se va a emplear, evitando siempre que los asientos estén demasiado juntos o demasiado separados.

Paralingüística

Para captar la atención del público, los oradores suelen hacer uso de determinados aspectos como el tono de voz o las pausas, que en algunos casos pueden parecer exagerados.

El formador, aunque emplee el método de la lección magistral, no es un orador y, por tanto, no debe prestar especial atención a estos aspectos, excepto cuando le plantean algún problema, debido a la ansiedad, al cansancio o a un mal estado de salud. Practicar en voz alta y realizar grabaciones durante la fase de preparación puede ayudar a vencer estas dificultades.

Volumen

Aunque el aula sea pequeña, se tiene que realizar el esfuerzo de hablar lo suficientemente alto para que todos los alumnos oigan las explicaciones y, a la vez, transmitir confianza. En general, el volumen se ajustará instintivamente cuando se compruebe dónde se sitúa la persona que se encuentra más alejada.

Entonación

El problema más frecuente, especialmente si se está cansado, es la monotonía, que no contribuye a captar la atención ni a motivar a los alumnos.

El interés que el formador muestre por el tema y una correcta preparación le hará destacar los puntos clave y jugar con la entonación de una forma adecuada a lo largo de toda la exposición.

Pronunciación

Los problemas se presentan especialmente cuando se está nervioso o se habla demasiado rápido. Se debe hacer un esfuerzo por articular todas las palabras de manera limpia y clara, abriendo la boca lo suficiente para pronunciar correctamente las sílabas, consonantes y vocales.

Velocidad

Una velocidad correcta puede ayudar a resolver problemas de pronunciación y de entonación. Se debe hablar a una velocidad normal o algo superior, para facilitar el mantenimiento de la atención. No obstante, si se está nervioso, se puede hablar con mayor lentitud para facilitar la respiración y relajarse. También se debe reducir la velocidad cuando se expliquen conceptos técnicos complejos o cuando se espere alguna respuesta por parte de los alumnos.

 **RECUERDE**

Los elementos que trata la Paralingüística son:

- El volumen.
- La entonación.
- La pronunciación.
- La velocidad.

Proyección física

Existen determinados factores que, sin que la persona diga ni haga nada, transmiten información y hacen referencia a la imagen física que esta persona proyecta.

Es fundamental que el formador transmita una imagen positiva para los alumnos. Se debe cuidar el aspecto externo y los artefactos que se usen, como los adornos y prendas de vestir. La manera adecuada de vestir depende de la situación y siempre debe estar en consonancia con lo que cada colectivo de alumnos espera del formador.

 EJEMPLO

Sería negativo vestir pieles para impartir un curso cuyo objetivo fuese desarrollar actitudes positivas hacia la protección del medio ambiente.

En cualquier caso, se debe llevar ropa que resulte cómoda, bien cuidada y no demasiado llamativa. A los adornos y al peinado se aplican las mismas reglas que al vestido.

 IMPORTANTE

Un objetivo fundamental del formador es dirigir la atención de los alumnos hacia el contenido que está desarrollando, nunca hacia su persona.

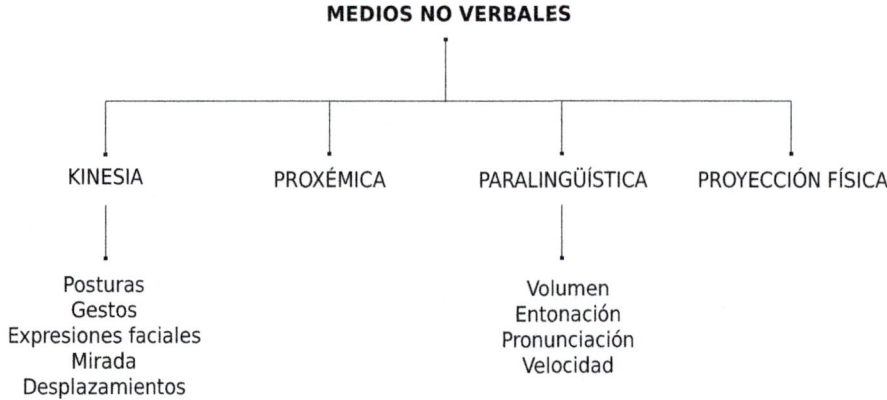

Finalmente, conviene recordar que si el formador observa atentamente la comunicación no verbal que expresan los alumnos, obtendrá una gran cantidad de información.

Hay numerosos signos no verbales que puede mostrar el alumno:

- ⊃ **Atención:** posturas del cuerpo (inclinado hacia delante, hacia atrás...).
- ⊃ **Necesidad de hablar:** movimientos sutiles de la boca, de la mano, etc.
- ⊃ **Irritación:** movimiento de pies, manipulación de objetos sobre la mesa, etc.
- ⊃ **Concentración:** tomar apuntes, mirar al docente, etc.
- ⊃ **Cansancio:** cuerpo hundido, suspiros, etc.
- ⊃ **Inercia:** silencios de todo el grupo, etc.
- ⊃ **Desinterés:** cerrar el cuaderno, bostezar, mirar al vacío, etc.
- ⊃ **Sorpresa:** levantar los brazos, abrir la boca, levantar las cejas, abrir los ojos, etc.

Si se observan estos elementos de forma atenta, se podrá obtener información sobre la comprensión del mensaje y el estado emocional de los alumnos, lo que será de gran utilidad para el formador durante el curso.

La comunicación no verbal aporta información al formador sobre los alumnos

5. Técnicas de secuenciación de contenidos

Una vez seleccionados los contenidos, hay que ordenarlos secuencialmente. La **secuenciación y estructuración de los contenidos** es el proceso que permite situarlos en una configuración que produce el máximo aprendizaje en el mínimo tiempo posible.

Algunas de las técnicas para la secuenciación de contenidos son las siguientes:

- Que los contenidos estén de acuerdo con los objetivos propuestos y con los plazos previstos para conseguirlos.
- Empezar por los contenidos más próximos y significativos para el alumno, para llegar poco a poco a lo desconocido. De esta manera, resultará más fácil introducir los nuevos contenidos.
- Ir de lo inmediato a lo remoto.
- Ir de lo concreto a lo abstracto.
- Ir de lo más fácil a lo más difícil. Esto motiva al alumnado porque le va mostrando los avances de manera rápida.

Las principales ventajas que este proceso conlleva son:

- Ayuda al participante a pasar de un conocimiento o habilidad a otro.

⮕ Garantiza que los conocimientos y habilidades previas son alcanzados antes de introducir elementos nuevos.

⮕ Reduce el tiempo de formación.

⮕ Evita la confusión y los fallos en el participante.

Estos puntos son los principales aspectos a tener en cuenta cuando se realiza la presente fase de la programación de la formación, es decir, cuando se fijan los contenidos de la formación.

6. La selección y planificación de estrategias didácticas

Las personas que realizan un curso de formación son diversas, por ello es muy importante que las estrategias didácticas se adapten, de la mejor forma posible, al contexto y permitan una flexibilidad.

 **DEFINICIÓN**

Estrategias didácticas
Son procedimientos que el formador emplea para facilitar el aprendizaje, con la intención de que éste sea significativo.

- -

Tras la selección y estructuración de contenidos, llega el momento de decidir la modalidad de formación a seguir y la metodología a utilizar en su impartición. Pero esta decisión no se puede tomar arbitrariamente, sino que ha de basarse en unos criterios. Los criterios de decisión básicos para determinar qué estrategia y qué método de formación es el adecuado, son:

⮕ La compatibilidad con los objetivos.

⮕ Los principios generales del aprendizaje del adulto: individualización, motivación, utilidad, practicidad, intereses, etc.

⮑ Los principios de rigor, realismo y participación.

⮑ El carácter eminentemente aplicativo de los aprendizajes.

⮑ La posibilidad de transferir los aprendizajes al puesto de trabajo.

⮑ Los recursos disponibles, incluido el tiempo.

⮑ Los factores relacionados con los participantes, como el estilo de aprendizaje, la edad, el tamaño del grupo, la motivación, etc.

Una vez escogido el método, se observa que ninguno es químicamente puro, sino que unos participan de otros. Por lo demás, todo método puede ser adecuado o inadecuado dependiendo del modo en que sea empleado.

Los formadores deben utilizar los métodos flexiblemente, de la forma que mejor se adapten al estilo de formación, a la materia y a los alumnos, complementando cada método con la técnica y recurso didáctico más acorde.

7. La selección y planificación de medios y recursos didácticos

Para realizar cualquier acción formativa, hace falta algo más que elegir y aplicar unos métodos y unas técnicas. Son necesarios los medios y recursos didácticos, que van a ayudar a desarrollar la metodología seleccionada en el aula. Los medios y recursos didácticos permiten el trasvase de información formador-alumno.

 **DEFINICIÓN**

Medios didácticos

Son materiales elaborados para facilitar los procesos de enseñanza-aprendizaje.

Recursos didácticos

Son soportes mediante los cuales se presentan los contenidos del curso a los alumnos.

A la hora de escoger el medio o recurso a utilizar, se deben tener en cuenta los siguientes criterios:

- **Características de la materia o tema.** Dependiendo de la naturaleza de los contenidos, éstos pueden ser transmitidos por unos u otros métodos.
- **Los objetivos del curso.** Toda selección de medios y estrategias de enseñanza deben realizarse en función de éstos.
- **La disposición del aula y el número de alumnos.** Hay que tener cuidado, sobre todo en la visibilidad de alguno de los recursos, porque pueden perder eficacia.
- **Tiempo disponible para la formación.** Este elemento tiene que estar siempre presente, porque, en función del tiempo que se tenga, se elegirá lo que se adapte mejor a las necesidades.
- **Recursos disponibles,** ya que en algunas ocasiones están a nuestro alcance.
- **El uso que se haga de ellos,** cuál es la finalidad, qué es lo que se pretende y en qué momento se van a utilizar.
- **El nivel de conocimiento de los alumnos** sobre el tema.

Todos estos puntos se han de tener en cuenta a la hora de escoger un medio o recurso didáctico. La finalidad de éstos no es otra que la de fundamentar, apoyar y reforzar el acto formativo.

8. La planificación de la evaluación del proceso de enseñanza-aprendizaje

La aplicación de programas de formación lleva a la obtención de unos determinados resultados. Éstos serán los frutos de la formación y mostrarán el grado de eficacia y eficiencia con que se lleva a cabo la función formativa.

Los resultados indican el éxito de la formación mediante su contraste con los objetivos fijados anteriormente. Este procedimiento recibe el nombre de **evaluación,** proceso ampliamente conocido y con trascendencia reconocida para la formación. Según el proceso de evaluación aplicado, los resultados obtenidos serán reales y fiables, o bien, falseados.

Para que los resultados de la evaluación muestren con certeza el grado de éxito alcanzado con la formación, es necesario un requisito previo: el establecimiento de criterios de evaluación durante el proceso de planificación de la formación. Los criterios actúan como puntos de referencia, a partir de los cuales se valoran los resultados obtenidos.

Los criterios de evaluación han de fijarse con mucha atención, ya que determinan el proceso de evaluación, y éste juzga el grado de éxito de la función formativa.

El primer aspecto a tener en cuenta es la validez: los criterios de evaluación han de ser válidos en relación a los elementos del proceso formativo.

Los aspectos que determinan el grado de validez de los criterios de evaluación son:

- La relevancia.
- La no deficiencia.
- La no contaminación.
- Su fiabilidad.

El establecimiento de criterios válidos y fiables permitirá elaborar un proceso de evaluación de la formación que mida rigurosamente la eficacia y la eficiencia de la función formativa.

9. El seguimiento formativo

El seguimiento es un proceso continuo que sirve para evaluar la eficacia del uso de los recursos y para saber qué iniciativas se pueden emprender para mejorar el aprovechamiento de los recursos formativos.

El seguimiento, además de realizarse después de haber finalizado la planificación formativa, también se realiza antes de la acción.

9.1. Características

El seguimiento formativo permite evaluar los distintos componentes (desde los alumnos hasta todos los elementos que forman la programación) que intervienen en él durante todo el proceso de formación.

El seguimiento formativo se diferencia de la evaluación en que éste tiene que ver más con tareas organizativas, de coordinación, administrativas, etc.; sin embargo, la evaluación valora aspectos de los procesos de formación, como pueden ser la comunicación, el aprendizaje de los nuevos conocimientos, etc.

Con la realización adecuada de un seguimiento formativo:

- Se pueden **descubrir errores o desajustes** en el proceso de enseñanza-aprendizaje antes de que se realice la evaluación final para comprobarlos.
- Se pueden **corregir los errores** en el momento en el que se están produciendo.
- Además, **se detectan los aspectos positivos** que tienen lugar a lo largo de todo el proceso y las **posibles mejoras** que se pueden realizar.

El seguimiento formativo tiene que ser realizado por todas las personas que están implicadas en la realización de los cursos de formación (tutores, coordinadores, técnicos, etc.), por ello, el formador es una figura importante en el proceso de formación, ya que se encuentra implicado en él.

El proceso de formación debe estar planificado, pensado y planteado antes de que empiece la acción de formación, nunca debe llevarse a cabo de manera cerrada, sino que tiene que estar abierto a cualquier cambio que se considere necesario.

9.2. Finalidad

Son varias las finalidades que persigue el seguimiento formativo:

- Ayudar a comprender por qué ocurren algunas cosas y qué se puede hacer para intervenir en ese proceso que se está llevando a cabo.
- Identificar y solucionar los problemas que surgen a lo largo del proceso.
- Contribuir para elaborar planes de formación de manera objetiva, sin desviarse de la finalidad éste.
- Colaborar en la disminución y control del uso de los recursos materiales.
- Determinar el nivel que puede alcanzar el rendimiento y relacionarlo con el rendimiento actual.
- Diagnosticar y detectar problemas para llevar a cabo las acciones correctivas pertinentes.

9.3. Planificación

El seguimiento formativo debe planificarse antes y durante la acción formativa.

El objetivo de este seguimiento es comprobar la eficacia de la acción formativa antes de que ésta llegue a su fin, es decir, es necesario que durante este proceso todos los elementos que van a formar parte del aprendizaje estén planificados.

Los dos momentos que hay que tener en cuenta para planificar el seguimiento formativo son:

- **Antes de la acción formativa:** es necesario conocer las necesidades, el perfil del alumno, qué materiales, instrumentos, recursos, medios didácticos se van a usar.
- **Durante la acción formativa:** aquí el seguimiento se utiliza para comprobar los posibles errores y mejoras que se pueden llevar a cabo. Ofrece la posibilidad de poder modificar aquellas acciones o medios que dificultan el avance del aprendizaje.

10. Instrumentos para el seguimiento

A lo largo de un ciclo formativo pueden suceder errores y surgir problemas, esto abarca desde la identificación de necesidades hasta la planificación, el diseño, la implantación y la evaluación. Por todo esto, es importante saber cuál es la causa del problema y saber tomar las medidas oportunas para que no se origine nuevamente.

Para detectar el origen del problema, siempre se necesita una información determinada, ésta sólo se puede obtener mediante técnicas que ayuden a obtenerlas, es decir, que permitan recabar y analizar los datos obtenidos.

Para el seguimiento del proceso de enseñanza-aprendizaje, se pueden confeccionar diferentes tipos de instrumentos de evaluación, como pueden ser los cuestionarios y utilizar la observación directa, etc., si el tipo de formación lo permite (presencial o semipresencial). Estos instrumentos variarán según el tipo de datos que se quiera conseguir.

Un ejemplo de plantilla para recoger y analizar la información podría ser esta:

CURSO:		1º Módulo	2º Módulo	3º Módulo
Objetivos del módulo	Suficiente			
	Insuficiente			
	Adecuado			
	Inadecuado			
Contenidos del módulo	Suficiente			
	Insuficiente			
	Adecuado			
	Inadecuado			

Continúa en página siguiente >>

<< *Viene de página anterior*

CURSO:		1º Módulo	2º Módulo	3º Módulo
Metodología	Suficiente			
	Insuficiente			
	Adecuado			
	Inadecuado			
Actividades y recursos	Suficiente			
	Insuficiente			
	Adecuado			
	Inadecuado			
Recursos materiales	Suficiente			
	Insuficiente			
	Adecuado			
	Inadecuado			
Recursos humanos	Suficiente			
	Insuficiente			
	Adecuado			
	Inadecuado			
Proceso de evaluación	Suficiente			
	Insuficiente			
	Adecuado			
	Inadecuado			
Nivel de satisfacción del alumnado	Suficiente			
	Insuficiente			
	Adecuado			
	Inadecuado			

Para el seguimiento del aprendizaje, como la información que se obtiene es de diferente índole, se recogerá mediante la aplicación de las técnicas seleccionadas y elaboradas para la evaluación de cada uno de los aspectos planteados (observación directa de los trabajos, participación, cuestionarios acerca de la motivación y satisfacción del alumnado, etc.).

<< Viene de página anterior

Por ejemplo, los contenidos que se podrían incluir en la "parrilla" de análisis son los siguientes:

CURSO		1er Módulo	2º Módulo	3er Módulo
Conceptos (comprende los contenidos conceptuales)	Con facilidad			
	Con normalidad			
	Con dificultad			
Procedimientos (aplica y desarrolla los contenidos procedimentales)	Con facilidad			
	Con normalidad			
	Con dificultad			
Actitudes (manifiesta las actitudes adecuadas a los contenidos)	Con facilidad			
	Con normalidad			
	Con dificultad			
Motivación y participación	Con facilidad			
	Con normalidad			
	Con dificultad			
Satisfacción del alumno	Con facilidad			
	Con normalidad			
	Con dificultad			

Dos de las herramientas básicas son:

- **Los diagramas de flujo:** éstos sirven para desglosar en forma de componentes, para presentar una clara imagen de lo que ocurre.
- **Los checklists:** éstos son especialmente útiles para garantizar que se han realizado todas las acciones necesarias. Es otro método de ayuda orientado a los formadores y participantes para preparar, utilizar y solucionar los problemas del equipamiento.

Otros métodos de seguimiento y control que pueden ayudar en la formación son:

- Las reuniones formales e informales.
- Pasar un informe de las sesiones, cuestionarios de satisfacción o formularios de evaluación del curso.
- Entrevistas de evaluación.

 **RECUERDE**

Algunos de los instrumentos de seguimiento más utilizados son:

- Cuestionario de satisfacción
- Cuestionario de motivación
- Observación directa
- Reuniones formales e informales
- Entrevistas de evaluación

11. Metodología de la evaluación del diseño de formación

Los métodos empleados en la evaluación siempre suelen son los mismos, independientemente de que se evalúen los objetivos, los contenidos, los recursos, etc. A pesar de esto, hay que tener en cuenta que no se deben utilizar todos los métodos que se van a nombrar, sino que todo dependerá de lo que se esté evaluando.

Los métodos más frecuentes son:

- Observación sistemática.
- Observación mediante observadores externos o internos del grupo.

- Análisis de trabajo.
- Entrevistas personales.
- Situaciones de simulaciones.
- Diálogos, debates.
- Cuestionarios específicos.
- Inventarios.
- Grabaciones en vídeo.
- Etc.

11.1. Evaluación de los objetivos

Cuando se diseña el programa formativo, se deben concretar los objetivos que serán objeto de evaluación al finalizar el curso, para comprobar si éstos se han alcanzado o no.

Los objetivos marcan aquellos aspectos claves que debe adquirir el alumno para alcanzar unas competencias determinadas. Éstos determinarán lo que el alumno será capaz de saber y saber hacer al acabar el curso, en unas condiciones dadas y con unos medios determinados.

Si, al finalizar el curso, se observa que los objetivos no se han cumplido en su totalidad, hay que analizar cuál ha sido la causa de este error y corregirlos. Si se han cumplido los objetivos, habrá que determinar los motivos de éxito, para volver a ponerlos en práctica en futuros cursos.

Los objetivos marcados al inicio de la formación sirven para:

- Dirigir la formación, es decir, saber hacia dónde se quiere llegar con ésta.
- Comprobar qué se ha logrado.
- Facilitar la evaluación, ya que se sabe cuáles son los objetivos que hay que evaluar.
- Reorientar la formación en el mismo momento que se está realizando.
- Elegir los métodos más adecuados para la formación.

La evaluación de los objetivos debe medirse atendiendo a:

⊃ **Objetivos generales:** son utilizados para saber cuáles son las competencias generales.
⊃ **Objetivos específicos:** parten de los objetivos generales.
⊃ **Objetivos operativos:** son derivados de los específicos. Son objetivos más concretos y siempre deben estar relacionados con actividades u operaciones determinadas. Son los más fáciles de medir.

 **EJEMPLO**

Objetivos específicos para evaluar un curso de primeros auxilios:

• Aprender los conceptos básicos y generales de los primeros auxilios.
• Adquirir las habilidades y aplicar los principios de actuación para poder reaccionar adecuadamente en situaciones de urgencia.
• Conocer los aspectos jurídicos relacionados.

11.2. Evaluación de los contenidos

La evaluación de los contenidos se realizará para comprobar si los objetivos que se habían marcado al principio de la formación se han logrado, así como para eliminar aquellos contenidos que no aportan nada al curso.

Se debe tener siempre en cuenta que se puede lograr un mismo objetivo de formación utilizando diversos contenidos.

Para evaluar los contenidos, hay que comprobar si se ha seguido una secuencia lógica a la hora de impartirlos. Esta secuencia permite que los contenidos sean adquiridos por los alumnos de una manera más significativa, es decir, facilita el aprendizaje de los mismos.

Para que la evaluación de los contenidos resulte positiva, éstos deben ir expuestos:

⮞ De acuerdo con los objetivos propuestos y con los plazos previstos para conseguirlos.
⮞ De lo conocido a lo desconocido.
⮞ De lo inmediato a lo remoto.
⮞ De lo concreto a lo abstracto.
⮞ De lo fácil a lo difícil.

Otro aspecto a tener en cuenta para que la evaluación de los contenidos sea positiva, es que éstos se deben estructurar adecuadamente, por ejemplo, mediante módulos, unidades didácticas, etc. Éstas tienen que abarcar los conocimientos, las habilidades y las actitudes que capacitan al alumno para poner en práctica las funciones que desempeñará en su puesto de trabajo. Por lo general, se pueden constituir equivalencias entre objetivos generales y cursos, objetivos específicos y módulos, unidades didácticas, etc. así como entre objetivos operativos y sesión formativa,.

◉ EJEMPLO

Siguiendo el ejemplo anterior de primeros auxilios, los contenidos que se evaluarán para comprobar si se han logrado o no los objetivos anteriormente propuestos, son:

• Primeros auxilios: conceptos generales.
• Soporte vital básico (reanimación cardio-pulmonar)-adultos.
• Soporte vital básico-niños.
• Soporte vital instrumental.
• Traumatismos osteoarticulares. Inmovilizaciones (vendajes y férulas improvisadas).
• Movilización de urgencia y posiciones de espera.
• Traumatismos craneales y vertebro-medulares.
• Otras situaciones de emergencia.

11.3. Evaluación de la metodología

La evaluación de la metodología consiste en comprobar que los métodos que se han utilizado son los adecuados para lograr los objetivos formativos, aunque éstos deben ser flexibles a la hora de utilizarlos, ya que deben adaptarse a la materia tratada, a los alumnos, a los recursos disponibles, etc.

Para conseguir que la evaluación de la metodología sea positiva, se deben tener en cuenta las características que se emplean para definir un método. Éstas pueden ser:

- Presentar y mostrar la problemática del tema para que, a través de la reflexión y el esfuerzo, el alumno pueda resolverla.
- Respetar tanto la libertad de expresión como de creación.
- Las actividades que están destinadas al alumno tienen que ser dirigidas por el formador para que el alumno reflexione y participe.
- Motivar al alumno, relacionando los temas con sus intereses, motivaciones y necesidades.
- Organizar los nuevos aprendizajes para que se integren con los ya adquiridos.
- Tener en cuenta las limitaciones y las posibilidades que tiene cada alumno.
- Dar lugar a la acción individualizada a través de tareas que requieran planteamientos y acciones individualizadas.

11.4. Evaluación de actividades y recursos

Las **actividades** son unos elementos que acompañan a los contenidos formativos, ya que éstas refuerzan los contenidos que son expuestos por el formador. Siempre debe existir coordinación entre ambos, para esto se deben seleccionar adecuadamente tanto los métodos como las técnicas.

Para evaluar las diversas actividades que se han desarrollado, hay que formular una serie de preguntas para saber si las actividades han sido eficaces o han fallado en su ejecución. Algunas de estas preguntas pueden ser:

- ¿Qué ha hecho el alumno?
- ¿Ha sabido aplicar los conocimientos necesarios para lograr resolver las actividades?
- ¿Valora y comprende la finalidad de la actividad?
- ¿Ha mostrado interés en la realización de la misma?
- ¿Qué ha aprendido?
- ¿Han sido válidas las actividades?
- ¿Cuáles han fallado? ¿Por qué?
- ¿Se han alcanzado los objetivos?
- Etc.

Junto con las actividades, los recursos también tienen que ser evaluados, ya que de ellos va a depender en cierta manera la eficacia de las actividades. Por eso, en la evaluación de los recursos hay que tener en cuenta la eficacia de aquellos que se han utilizado y cuáles son los que se hubieran necesitado para desarrollar el curso.

Se pueden distinguir varios criterios para evaluar la eficacia de los recursos:

- Su calidad, porque actúa como mediador entre la realidad y la estructura cognitiva del alumno.
- El contexto metodológico, ya que todo va a depender de la metodología usada por el formador.
- Los propios alumnos, sus motivaciones, intereses, etc.
- La experiencia del formador en el manejo de los diversos recursos, sus habilidades, etc.

También es necesario tener en cuenta qué evaluar de los recursos:

- La rentabilidad de éstos.
- El aprovechamiento para distintas finalidades.
- El mantenimiento.
- La actualización, deben adaptarse a las nuevas tecnologías.
- La adecuación al proceso de enseñanza-aprendizaje.
- Posibilitar la acción, estimular y responder a las curiosidades presentes en el alumnado.

11.5. Evaluación del formador

La figura del formador es muy importante a lo largo de todo el proceso formativo, ya que, en cierta manera, el éxito o el fracaso de la formación recae sobre él, por lo tanto, es imprescindible conocer previamente a la persona que va a impartir un curso.

El formador es el mediador entre los contenidos y los alumnos, por lo que debe evaluarse de forma continua y a lo largo de todo el proceso de enseñanza-aprendizaje, así como al final del proceso, momento en que se comprobará si los métodos y estrategias que ha diseñado y utilizado han sido los adecuados, introduciendo posibles modificaciones para las prácticas futuras.

La evaluación del formador se puede realizar desde varias vertientes, en cada una de ellas se evalúan aspectos diferentes, pero todas persiguen el mismo fin, que es fomentar la calidad de la formación.

Evaluación realizada por los alumnos

Los alumnos pueden evaluar aspectos como la relación del formador con los alumnos, la organización de las sesiones, el control de clase, la efectividad de la enseñanza, etc.

En la siguiente tabla se muestra un cuestionario a modo de ejemplo:

Marque la opción que más se adecúe a las características que prevalecieron a lo largo del curso

1. Las oportunidades que tuve para realizar preguntas en clase fueron:
   a. Frecuentes
   b. Regulares
   c. Escasas
   d. Muy escasas

Continúa en página siguiente >>

<< Viene de página anterior

Marque la opción que más se adecúe a las características que prevalecieron a lo largo del curso

2. El interés que mostró el formador respecto a los alumnos fue:
   a. Satisfactorio
   b. Regular
   c. Poco
   d. Muy pobre

3. El clima existente en el aula fue:
   a. Bueno
   b. Regular
   c. Tenso
   d. Malo

4. En la prueba final se evaluaban los contenidos dados a lo largo del curso:
   a. Sí
   b. No

5. El material presentado en el curso fue:
   a. Original
   b. Poco original
   c. Nada original

6. Las actividades que realicé para asimilar los contenidos fueron:
   a. Útiles
   b. Regulares
   c. Pobres
   d. Inútiles

7. El contenido marcado para el curso se expuso en su totalidad:
   a. Sí
   b. No

8. El grupo de alumnos afectó a mi aprendizaje:
   a. De manera positiva
   b. De manera negativa
   c. No me afectó

9. El material audiovisual me pareció:
   a. Atractivo
   b. Regular
   c. Inadecuado

Continúa en página siguiente >>

<< Viene de página anterior

Marque la opción que más se adecúe a las características que prevalecieron a lo largo del curso

10. Los procesos, problemas y soluciones experimentados en el trabajo en
    grupo fueron:
    a. Bien planteados
    b. Regular planteados
    c. Mal planteados

11. Las exposiciones por parte del docente me parecieron:
    a. Buenas
    b. Regulares
    c. Malas

12. La actuación del profesor durante el curso evidenció:
    a. Un elevado conocimiento de la materia
    b. Un mediano conocimiento
    c. Un escaso conocimiento

13. El profesor supo controlar las conductas perturbadoras
    sucedidas a lo largo del curso de forma:
    a. Eficaz
    b. Regular
    c. Ineficaz

14. El ritmo que siguió el profesor al exponer los contenidos me pareció:
    a. Muy bueno
    b. Satisfactorio
    c. Monótono

15. La secuencia de presentación de los contenidos del curso fue:
    a. Lógica
    b. Regular
    c. Arbitraria

16. La actuación del profesor despertó interés y motivación:
    a. Muchas veces
    b. Algunas veces
    c. Pocas veces
    d. Ninguna vez

Evaluación realizada por el propio formador

En esta evaluación, el formador va a evaluar la preparación del curso, el desarrollo del mismo, y también realizará una evaluación propia de su actuación como formador.

En la siguiente tabla se muestra un cuestionario a modo de ejemplo:

Marque la opción que más se adecúe a las características que prevalecieron a lo largo del curso

A. PREPARACIÓN DEL CURSO

1. ¿Cómo ha sido el tiempo con el que ha contado?
   a. Suficiente
   b. Insuficiente

   ¿Por qué? _____

2. ¿Cómo considera la distribución de las sesiones del curso?
   a. Adecuadas
   b. Inadecuadas

   ¿Por qué? _____

3. ¿Ha dispuesto de las guías didácticas del curso?
   a. Sí
   b. No

   ¿Por qué? _____

4. ¿Ha dispuesto de los recursos necesarios para la preparación de sus sesiones?
   a. Sí
   b. No

   ¿Cuáles le han hecho falta? _____

5. Teniendo en cuenta su nivel de formación, ¿ha necesitado apoyo por parte de la dirección del curso?
   a. Sí
   b. No

   ¿Cómo ha sido el apoyo? _____

Continúa en página siguiente >>

<< Viene de página anterior

**Marque la opción que más se adecúe a las características
que prevalecieron a lo largo del curso**

B. DESARROLLO DEL CURSO

6. ¿El desarrollo de las sesiones (distribución y tiempo) se ha correspondido con la planificación prevista?

    a. Sí

    b. No

7. ¿La metodología utilizada para el desarrollo de las sesiones ha propiciado la participación e implicación del alumnado?

    a. Sí

    b. No

  ¿Por qué? _____

8. ¿Considera que el clima del curso ha sido el adecuado?

    a. Sí

    b. No

  ¿Por qué? _____

9. ¿El contexto donde se ha desarrollado el curso ha sido adecuado y oportuno?

    a. Sí

    b. No

  ¿Por qué? _____

10. ¿Ha conseguido los objetivos propuestos?

    a. Sí

    b. No

  ¿Por qué? _____

C. AUTOEVALUACIÓN

11. Evalúe de 1 a 4 los siguientes apartados relacionados con su intervención como formador, donde:

  1. Considero imprescindible mejorar mi formación en este aspecto.

  2. Considero necesario mejorar mi formación en este aspecto.

  3. Cuento con recursos necesarios para el desarrollo ajustado del curso, pero podría encontrar dificultades si éste cambia el rumbo prefijado.

  4. Mi formación al respecto es adecuada y dispongo de recursos suficientes para el desarrollo óptimo del curso.

Continúa en página siguiente >>

<< Viene de página anterior

Marque la opción que más se adecúe a las características que prevalecieron a lo largo del curso

	1	2	3	4
Dominio de los contenidos				
Metodología/didáctica empleada				
Comunicación con el alumnado				
Trabajo en equipo				

D. AMPLIACIÓN

Puede anotar a continuación cualquier aportación que desee realizar y no haya sido considerada en este cuestionario.

11.6. Tipos de evaluación

Existen diferentes tipos de evaluación, cada una se aplicará atendiendo a diferentes criterios.

Según su finalidad o función de la evaluación

Diagnóstica

Esta evaluación, como su nombre indica, tiene un carácter diagnóstico, ya que permite que se conozcan las potencialidades del alumno. De esta manera, la actividad didáctica se dirige de forma más efectiva.

Formativa

Se utiliza como estrategia para mejorar y ajustar los procesos formativos en el momento que se están llevando a cabo, para alcanzar las metas y los objetivos marcados. La evaluación formativa es aplicable a la evaluación de procesos.

Sumativa

Se aplica a la evaluación de productos terminados, es decir, se sitúa concretamente cuando finaliza un proceso, cuando éste se considera acabado. Su propósito es determinar el grado en que se han conseguido los objetivos establecidos, para evaluar de forma positiva o negativa el resultado. Esta evaluación permite tomar medidas tanto a medio como a largo plazo.

Según el momento de aplicación de la evaluación

Inicial

Se produce al principio del proceso de enseñanza-aprendizaje. La función que tiene la evaluación inicial es identificar el nivel de conocimientos que tienen los alumnos que inician un curso y, de esta manera, comprobar si los alumnos cuentan con los conocimientos necesarios para comenzarlo, y determinar si es posible impartirlo de acuerdo al programa formativo o si se requiere alguna modificación.

Procesual

La evaluación procesual se basa en valorar, de forma continua, el aprendizaje de los alumnos y la enseñanza del profesor, a través de la recogida sistemática de datos, toma de decisiones, etc.

La evaluación procesual es totalmente formativa, ya que, al favorecer la recogida continua de datos, permite tomar decisiones en el mismo momento que se considere necesario.

Los resultados que se obtienen forman la base permanente para el formador a la hora de programar las actividades diarias, así como para establecer las actividades y los procedimientos más apropiados. De esta manera, se evitan las dificultades que se puedan producir en los aprendizajes que se están llevando a cabo. La finalidad de todo esto es evitar errores y vacíos en los aprendizajes posteriores.

Final

La evaluación final es aquella que se realiza al finalizar la formación, por lo tanto ésta recoge y valora los resultados obtenidos a lo largo de un periodo formativo.

Según su extensión

Global

Tiene en cuenta todos los elementos y procesos que guardan relación con todo lo que es objeto de evaluación. Por ejemplo, si se trata de evaluar el proceso de aprendizaje de los alumnos, esta evaluación se centra en todas las áreas en general, pero sobre todo en los diversos tipos de contenidos de enseñanza (conceptos, procedimientos, valores, normas, etc.).

Parcial

Esta evaluación no se realiza de manera global, sino que se lleva a cabo por partes, es decir, evalúa los componentes que más interesan.

Según los agentes que realizan la evaluación

Autoevaluación o evaluación interna

Es el proceso sistemático mediante el cual una persona o grupo examina y valora sus procedimientos, comportamientos y resultados, para identificar qué quiere corregir o modificar en él. La evaluación interna muestra que los alumnos están más motivados a la hora de realizar una tarea difícil. La puesta en práctica de la autoevaluación no conlleva que el profesorado abandone sus funciones, sino que implica una concepción diferente de la enseñanza.

La autoevaluación ofrece al estudiante ayuda para descubrir sus necesidades, cantidad y calidad de su aprendizaje, causas de sus problemas, dificultades y éxitos en el estudio. De esta manera, el alumno puede conocerse de manera más concreta.

Heteroevaluación o evaluación externa

La evaluación externa es realizada o llevada a cabo por otra persona que no es el protagonista del aprendizaje. En esta evaluación, lo más frecuente es que el profesor evalúe al alumno.

TIPOS DE EVALUACIÓN	
Según su finalidad o función	- Diagnóstica - Formativa - Sumativa
Según su momento de aplicación	- Inicial - Procesual - Final
Según su extensión	- Global - Parcial
Según los agentes que la realizan	- Autoevaluación o evaluación interna - Heteroevaluación o evaluación externa

Solucionarios de ejercicios de repaso y autoevaluación

Contenido

Programación didáctica de acciones formativas para el empleo

Ejercicios de autoevaluación
Unidad de Aprendizaje 1

1. El instrumento del Sistema Nacional de Formación Profesional que ordena los estándares de competencias profesionales identificados en el sistema productivo se denomina...

   a. ... Catálogo Nacional de Competencias Profesionales.
   b. ... Catálogo Nacional de Estándares de Competencias Profe-
      sionales.
   c. **... Catálogo Modular de Formación Profesional.**
   d. ... Catálogo Nacional de Formación Profesional.

2. El Catálogo Nacional de Ofertas de Formación Profesional está orga-nizado en una serie de grados escalonados y verticales. ¿Cómo se denominan estos grados?

   a. **A, B, C, D y E.**
   b. Grado Básico, Grado Medio, Grado Superior y Curso Espe-
      cialización.
   c. 1, 2 y 3.
   d. Todas las opciones son incorrectas.

3. ¿Qué grado equivale a un Certificado profesional?

   a. El Grado E.
   b. El Grado A.
   c. El Grado B.
   d. **El Grado C.**

4. La oferta formativa que constituye la base del actual sistema de for-mación profesional es la _____.

   a. **Acreditación parcial de competencia**
   b. Certificado de competencia
   c. Acreditación profesional
   d. Certificado parcial profesional

5. Relaciona los siguientes conceptos:

   a. Grado A.
   b. Grado B.
   c. Grado C.
   d. Grado D.
   e. Grado E.

   c. Certificado profesional.
   d. Ciclo formativo.
   b. Certificado de competencia.
   e. Curso de especialización.
   a. Acreditación parcial de competencia.

6. El _____ se configura con un elemento integrador de los conocimientos incorporados en los módulos que configuran los ciclos formativos, con especial atención a los elementos incluidos en los módulos no asociados a competencias profesionales, como el emprendimiento, la investigación, la innovación, etc.

   a. Certificado de competencia
   b. Currículo
   c. Proyecto Intramodular
   d. Todas las opciones son incorrectas.

7. ¿Cuál es el tiempo máximo que puede estar el alumnado cursando un ciclo formativo?

   a. El doble de los cursos asignados por ciclo.
   b. Tres cursos en total.
   c. Cuatro cursos.
   d. El triple de los cursos asignados por ciclo.

8. Relaciona los siguientes conceptos:

   a. Educación básica, en calidad de educación secundaria obligatoria.
   b. Educación secundaria posobligatoria.
   c. Educación superior.

b. Ciclos formativos grado medio y cursos especialización grado medio

a. Ciclos formativos grado básico

c. Ciclos formativos grado superior y especialización de grado superior

9. **¿Cuál es la edad mínima para cursar un ciclo formativo de grado básico?**

    a. 18 años
    b. 14 años
    c. 15 años
    d. 21 años

10. **¿Cuál de los siguientes no forma parte de la parte troncal obligatoria de los ciclos formativos de grado medio y superior?**

    a. Módulos profesionales del catálogo Modular de Formación Profesional asociados a los estándares de competencia profesional.
    b. Módulos asociados a habilidades capacidades transversales, a la orientación laboral y emprendimiento.
    c. Módulos que profundicen en mayor grado en el desarrollo de las competencias transversales como digitalización, iniciativa empresarial, etc.
    d. Proyecto Intermodular.

Ejercicios de autoevaluación
Unidad de Aprendizaje 2

1. **¿Qué ley es la que regula en la actualidad el sistema de formación profesional?**

   a. Ley Orgánica 6/2012, de 13 de abril, de ordenación de la Formación Profesional.
   b. **Ley Orgánica 3/2022, de 31 de marzo, de ordenación e integración de la Formación Profesional.**
   c. Ley Orgánica 2/2006, de 3 de mayo, de Educación.
   d. Ley Orgánica 2/2008, de 3 de mayo, de Educación.

2. **Señale si las siguientes afirmaciones son verdaderas o falsas.**

   a. Los Certificados Profesionales serán otorgados por la administración competente.

      ■ **Verdadero**
      ■ Falso

   b. Los Certificados de Profesionalidad estarán Inscritos en el Registro Estatal de Formación Profesional.

      ■ **Verdadero**
      ■ Falso

   c. Los Certificados Profesionales solo tendrán validez a nivel autonómico.

      ■ Verdadero
      ■ **Falso**

3. **¿Qué requisitos son necesarios para acceder a cursos de un ciclo formativo de Grado C de nivel?**

   a. **No son necesarios requisitos académicos ni profesionales.**
   b. Estar en posesión del Graduado en ESO.
   c. Título de técnico o de Bachiller.
   d. Haber superado la prueba de acceso con más de 6 puntos.

4. **Las titulaciones o credenciales expedidas por las administraciones por la superación de una oferta formativa de Grado C que no esté incluida en el Catálogo Nacional de Oferta de Formación Profesional, tendrán validez...**

   a. ... nacional.
   b. ... autonómico.
   c. ... europeo.
   d. ... local.

5. **Señale si las siguientes afirmaciones son verdaderas o falsas:**

   a. Los Certificados Profesionales se corresponderán con la oferta formativa de Grado C, que constituye un tipo de oferta parcial y acumulable dentro del sistema de formación Profesional.

      ■ **Verdadero**
      ■ Falso

   b. El grado C podrá obtenerse como resultado de superar esta formación, o bien por la acumulación de los certificados de competencia que constituyan el Grado A y que completen la totalidad de los módulos profesionales incluidos en la misma.

      ■ Verdadero
      ■ **Falso**

6. **¿Cuál es el principal criterio de la administración para determinar las formaciones de grado C e incluirlas en el Catálogo Nacional de Ofertas de Formación Profesional?**

   a. La significación para el mercado laboral.
   b. Que esté asimilado al marco europeo.
   c. Que sean ofertas formativas demandadas por una empresa.
   d. Todas las opciones son incorrectas.

7. **Señala cuál de los siguientes no es un dato de los que deben incluir los módulos formativos de los certificados.**

   a. Datos de identificación.
   b. Contenidos.
   c. **La relación de los módulos formativos del certificado.**
   d. Parámetros y criterios del contexto formativo.

8. **De las siguientes frases, indica si son verdaderas o falsas.**

   a. Las pruebas de acceso están enfocadas a aquellas personas que no cumplen con los requisitos académicos, pero que sí poseen los conocimientos y habilidades suficientes para cursar con aprovechamiento las formaciones correspondientes.

      - **Verdadero**
      - Falso

   b. El alumnado que curse una formación profesional en modalidad virtual deberá realizar una prueba de evaluación *online*.

      - Verdadero
      - **Falso**

   c. Una vez superadas todas las unidades formativas que contenga un módulo, se tendrá derecho a la certificación del mismo, siempre y cuando se haya cursado al menos una unidad formativa por año de forma consecutiva.

      - **Verdadero**
      - Falso

9. **La programación didáctica debe permitir las_____ necesarias para la atención a la diversidad.**

   a. modificaciones
   b. **adaptaciones**
   c. eliminaciones
   d. alteraciones de contenido

10. ¿Cuál de los siguientes no es un elemento a tener en consideración en la programación didáctica vinculada a la certificación profesional?

    a. Índice
    b. Objetivos
    c. Contenidos
    d. Metodología

Ejercicios de autoevaluación
Unidad de Aprendizaje 3

1. **¿Cuál es el concepto de competencia en el ámbito de la Formación Profesional?**

   Competencia es la demostrada capacidad para utilizar conocimientos, destrezas y habilidades personales, sociales y metodológicas, en situaciones de estudio o de trabajo y en el desarrollo profesional y personal.

2. **¿Cuáles son los elementos didácticos que conforman las programaciones didácticas?**

   - Objetivos.
   - Contenidos.
   - Metodología.
   - Actividades.
   - Duración.
   - Recursos humanos y didácticos.
   - Sistema de evaluación.

3. **Las funciones de los objetivos son:**

   a. **Servir de guía al proceso de enseñanza-aprendizaje y proporcionar criterios para su evaluación y control.**
   b. Servir de orientación para el proceso de enseñanza aprendizaje y concretarlo.
   c. Suponen una concreción de los contenidos y la evaluación.

4. **En función de la concreción de la tarea los objetivos podrán clasificarse en...**

   a. ... generales y específicos.
   b. ... generales, operativos y concretos.
   c. **... operacionales, específicos y generales.**

5. La taxonomía de Bloom y sus colaboradores sobre los objetivos establecen ____ niveles de complejidad creciente.

    a. 3
    b. 4
    c. 7
    d. 6

6. Completa la siguiente tabla de taxonomía de Dave.

Nivel 1 Imitación	Tendencia espontánea a la imitación. Imitación observable.
Nivel 2. Manipulación	**Seguir instrucciones.** **Selección de movimientos.** **Fijación en la respuesta (respuesta rápida).**
Nivel 3. Precisión	Reproducción. Dirección (reproducir la acción sin modelo, modificar la acción y la velocidad según situación).
Nivel 4. Articulación	Secuencia. Armonía.
Nivel 5. Naturalización	**Automatización.** **Interiorización.**

7. ¿Cómo se definen los contenidos?

Como el conjunto de conocimientos o habilidades que el alumnado debe alcanzar para el logro de los objetivos propuestos. A través de los contenidos se desarrollan las capacidades expresadas en los objetivos.

8. Los contenidos pueden ser de tres tipos...

    a. ... actitudinales, procedimentales y evaluativos.
    b. ... conceptuales, procedimentales y actitudinales.
    c. ... objetivos, conceptuales y evaluativos.

9. En base a la presencia o no del formador, los métodos pueden clasificarse en:

    a. Heterodidácticos y autodidácticos.
    b. Críticos y escépticos.
    c. Impositivos y expositivos.
    d. Dialécticos y didácticos.

10. Indica cuáles son las características de la modalidad presencial.

Las características de la modalidad presencial son las siguientes:

- ➲ Es el tipo de formación más usada y tradicional.
- ➲ Se denomina así porque transcurre en presencia del docente.
- ➲ De forma general, requiere asistencia diaria, calendarización previa, se realiza un diseño curricular o programación didáctica únicos, los criterios de evaluación son también únicos, aunque hay excepciones dependiendo de la acción formativa.
- ➲ Se produce una alta interacción personal, tiempo y localización definida.

11. Señala si las siguientes afirmaciones son verdaderas o falsas.

    a. Una de las características de la modalidad virtual es el ahorro de costes de desplazamiento y tiempo.

        ■ **Verdadero**
        ■ Falso

    b. En la modalidad virtual de formación nunca se producen problemas derivados del funcionamiento de los canales de comunicación digital.

        ■ Verdadero
        ■ **Falso**

    c. La teleformación facilita la autonomía del estudiante y el ajuste a sus necesidades.

        ■ **Verdadero**
        ■ Falso

12. Completa el siguiente texto:

Un recurso pedagógico o didáctico se puede definir como **cualquier material** que en un **contexto educativo** determinado sea utilizado con una finalidad **didáctica** o para facilitar el **desarrollo** de acciones formativas.

Ejercicios de autoevaluación
Unidad de Aprendizaje 4

1. **Enumera las características de las unidades didácticas.**

   Facilitan al docente la práctica diaria, puesto que suponen la planificación y organización del modo en que se impartirán los contenidos formativos.

   Dan respuesta a las necesidades y expectativas formativas del alumnado.

   Deberán poseer un carácter flexible que permita ajustar y adecuar contenidos, actividades, etc., a los ritmos de enseñanza y aprendizaje, así como a las posibles incidencias que se produzcan en el desarrollo de la acción formativa.

   Servirán de ayuda a la evaluación del curso o acción formativa.

2. **Dentro del apartado "Descripción" de la unidad didáctica se incluyen los subapartados de...**

   a. **... breve descripción y justificación.**
   b. ... breve descripción y objetivos.
   c. ... metodología y justificación.
   d. ... breve descripción y metodología.

3. **Señala si las siguientes afirmaciones son verdaderas o falsas.**

   a. La temporalización de las unidades didácticas deberá incluir la organización del tiempo.

   - **Verdadero**
   - Falso

   b. En las unidades didácticas se podrá incluir bibliografía pero no anexos.

   - Verdadero
   - **Falso**

4. ¿Cuáles son los pasos que deben seguirse en la elaboración de unidades didácticas de acciones formativas vinculadas a certificados profesionales?

    a. Comprobar, contrastar y agrupar.
    b. Contrastar, comprobar, analizar y definir.
    c. Analizar, comprobar, contrastar, agrupar y definir.
    d. Definir, comprobar, evaluar, fijar, analizar y retroalimentación.

5. ¿Qué son las actividades?

Las actividades constituyen aquellas experiencias activas seleccionadas por el docente para el desarrollo de los contenidos y el logro de los objetivos propuestos.

6. Las herramientas de comunicación virtual pueden ser sincrónicas o...

    a. ... asincrónicas.
    b. ... asíncronas.
    c. ... a distancia.
    d. ... por correo electrónico.

7. ¿Cómo se denominan a las herramientas que distribuyen los contenidos integrando una gran variedad de recursos?

    a. Herramientas de evaluación.
    b. Herramientas de contenidos.
    c. Herramientas de gestión.
    d. Herramientas auxiliares.

8. En cuanto a los requisitos de acceso a la formación vinculada a los certificados profesionales, ¿para qué nivel solo es necesario poseer las competencias digitales, en caso de desarrollarse en modalidad virtual?

    a. Nivel 1.
    b. Nivel 2.
    c. Nivel 3.

9. ¿Qué es una guía didáctica para acciones formativas en línea?

La guía del alumno es el documento que reúne la información más relevante de la acción formativa y de los aspectos más significativos del proceso formativo para el alumno participante.

10. ¿Cuál de los siguientes elementos NO se incluye en la guía del alumno en modalidad virtual?

      a. Identificación del certificado profesional.
      b. Perfil del docente.
      c. Sistema tutorial.
      d. Plan de trabajo.

actividades

Actividad 1

Ana es tutora especializada en la familia profesional Servicios Socioculturales y a la Comunidad. Un centro de formación acreditado por el SEPE le ha propuesto ser la tutora de una acción formativa vinculada al certificado profesional SSCG0111. Gestión de llamadas de teleasistencia. Le han pedido que acuda a una reunión donde consensuar las líneas generales del desarrollo del curso, para lo cual quiere identificar las modalidades de impartición que existen para este certificado profesional. A continuación se ofrecen varias normativas, ¿cuál de ellas deberá consultar Ana para saber si esta acción formativa puede impartirse en modalidad virtual?

    a. R. D. 1697/2011, que establece, entre otros, el Certificado Profesional SSCG0111. Gestión de llamadas de teleasistencia.

    b. R. D. 1096/2011, que establece la Cualificación Profesional SSC443_2. Gestión de llamadas de teleasistencia.

    c. Orden ESS/1897/2013, en su Anexo I.

SOLUCIÓN

La Orden ESS/1897/2013, de 10 de octubre, desarrolla el Real Decreto 659/2023, de 18 de enero, por el que se regulan los certificados profesionales y los reales decretos por los que se establecen certificados profesionales dictados en su aplicación.

Los certificados profesionales en la modalidad virtual se impartirán de acuerdo con lo establecido en el Anexo I.

En cada certificado susceptible de ser impartido en la modalidad virtual se determina para cada módulo y, en su caso unidad formativa, el número de horas de tutorías presenciales, así como las capacidades y criterios de evaluación vinculados a las mismas y una estimación de la duración de la prueba de evaluación final de carácter presencial.

Actividad 2

Ana consulta el Artículo 202, régimen de centros de modalidad virtual de la normativa Real Decreto 659/2023, de 18 de julio, por el que se desarrolla la ordenación del Sistema de Formación Profesional, y comprueba que los centros del Sistema de Formación Profesional podrán realizar oferta de grados A, B, C, D y E en modalidad virtual. Como su curso es de grado C, puede impartirlo en modalidad tele-formación.

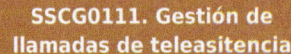

SSCG0111. Gestión de llamadas de teleasitencia

https://redirectoronline.com/mf14420113

En base a este, identifica de las siguientes opciones la correcta para el certificado:

    a. Se podrán impartir todos los módulos formativos en mo-dalidad teleformación sin horas de tutorías presenciales.

    b. Se podrán impartir todos los módulos formativos en mo-dalidad teleformación, dedicando un total de 7 horas para tutorías presenciales.

    c. Solo el primero de los módulos formativos (MF1423_2) podrá impartirse completamente en teleformación, los otros dos módulos formativos (MF1424_2 y MF1425_2) tienen horas de tutorías presenciales.

SOLUCIÓN

Al consultar en el Anexo I de la Orden ESS/1897/2013 la ficha corres-pondiente al certificado SSCG011, se puede observar que no ha hay definidas tutorías presenciales, por lo que se podrán impartir todos los módulos formativos en modalidad teleformación.

Actividad 3

Ana, la tutora que ha sido seleccionada para impartir la acción formativa vinculada al Certificado Profesional SSCG0111. Gestión de llamadas de teleasistencia, acude a la reunión con el centro de formación. La jefa de estudios del mismo le pide opinión sobre qué modalidad de impartición considera ella mejor para el perfil del alumnado al que va dirigida la acción formativa. En concreto, se trata de un grupo de 15 alumnos trabajadores en activo, la media de edad se sitúa entre los 30-35 años, y un nivel de estudios de enseñanzas profesionales superiores. Partiendo de esta información, ¿qué modalidad de impartición crees más adecuada?

a. Presencial, ya que es un grupo excesivamente pequeño para usar la modalidad teleformación.

b. Semipresencial, ya que elimina las barreras espacio-temporales, lo que suele ser un problema en formación de trabajadores en activo.

c. Virtual, ya que, además de eliminar las barreras espacio-temporales, permite aprovechar recursos en la red y emplear sistemas de comunicación efectivos. El nivel de estudios del alumnado hace presuponer que poseen las competencias necesarias para desarrollar con éxito esta modalidad.

SOLUCIÓN

Dadas las características de los destinatarios la modalidad más adecuada es la virtual.

Al ser trabajadores en activo, esta modalidad les permitirá eliminar las barreras temporales. Y el nivel de estudios del alumnado hace presuponer que poseen las competencias tecnológicas necesarias para desarrollar con éxito esta modalidad.

Actividad 4

A continuación se presenta un enlace en el que encontrarás un extracto del Certificado Profesional COMV0108. Actividades de Venta.

https://redirectoronline.com/mf14420207

En concreto, se trata del desarrollo del Módulo Formativo MF1002_2. Inglés profesional para actividades de venta. ¿Existen para él criterios de acceso del alumnado?

a. No, para el acceso a módulos formativos de nivel 1 y 2 no se deben cumplir requisitos de acceso. Sí será necesario para módulos formativos de nivel 3.

b. Sí, al ser un módulo formativo de nivel 2 se aplican los criterios de acceso establecidos para el procedimiento de acreditación de competencias de este nivel: edad mínima de 20 años y poseer 3 años de experiencia laboral y/o 300 horas de formación relacionadas.

c. Sí, el alumnado deberá demostrar o acreditar un nivel de competencia adecuado en comunicación en lengua castellana, comunicación en lengua inglesa nivel A2 y competencia digital.

d. Sí, el único requisito de acceso aplicable es el relacionado con la temática del módulo formativo, por lo que el alumnado deberá demostrar o acreditar poseer una competencia en lengua inglesa nivel A2.

SOLUCIÓN

c. Sí, el alumnado deberá demostrar o acreditar un nivel de competencia adecuado en comunicación en lengua castellana, comunicación en lengua inglesa nivel A2 y competencia digital.

Selección, elaboración, adaptación y utilización de materiales, medios y recursos didácticos en formación profesional para el empleo

Ejercicios de autoevaluación
Unidad de Aprendizaje 1

1. **El material didáctico impreso...**

   a. ... no es el más utilizado en las aulas por los formadores como apoyo en sus explicaciones.
   b. ... no posibilita al alumnado el contacto con información actual.
   c. **... favorece la posibilidad de reflexionar, ampliar, verificar y adquirir una visión más completa del contenido.**
   d. ... no necesita de selección previa o elaboración. Cualquier tipo de material impreso sirve.

2. **El diseño gráfico...**

   a. **... debe conseguir transmitir un mensaje de manera eficiente, llegando a los destinatarios un mensaje claro.**
   b. ... consiste en un dar un acabado bonito de colores y formas a un texto, sin considerar su eficacia.
   c. ... pretenderá cargar de ilustraciones cualquier mensaje, sea o no claro.
   d. Las opciones a y b son correctas.

3. **¿Qué es la tipografía?**

   La tipografía se define generalmente como el arte o la técnica de reproducir la comunicación mediante la palabra impresa. También se ocupa del estudio y clasificación de las distintas fuentes tipográficas.

4. **Señala la opción que no es correcta.**

   a. En la anatomía de una letra, la parte línea de base se refiere a la línea invisible en la que los caracteres se sientan.
   b. La parte de una letra definida como altura-x es la distancia que existe entre la línea superior y la línea de base.
   c. **El asta ondulada de una letra es el rasgo característico de las letras "y" y "g".**
   d. La parte de la letra a la que se le llama "hombro" es el trazo curvo que sale del asta de algunas letras sin terminar de cerrarse.

5. En las familias tipográficas se encuentran las siguientes variantes en una letra:

    a. Regular, negrita y versalita.
    b. Regular, negrita cursiva y versalita.
    c. Negrita, cursiva, regular, negrita cursiva.
    d. Regular, cursiva, negrita y negrita cursiva, y versalitas.

6. Nombra los tipos de letras que contiene el grupo de tipografías con _Serif_.

    1. Romanas antiguas.
    2. Romanas modernas.
    3. Egipcias.

7. Nombra los tipos de letras que contiene el grupo de tipografías sin _Serif_.

    1. Geométricas.
    2. Neogrotescas.
    3. Humanistas.

8. Una página se compone de los siguientes elementos:

    a. Encabezado, título, cuerpo de texto y número de páginas.
    b. Encabezado, título, cuerpo de texto, imágenes, pie de imagen, número de páginas y pie de página.
    c. Encabezado, cuerpo de texto, imagen, pie de imagen y número de páginas.
    d. Título, cuerpo de texto, encabezado, pie de imagen y número de páginas.

9. Describe brevemente el modelo de color RGB.

Este modelo de color está basado en la síntesis aditiva, con el que es posible representar un color con la mezcla por adición de los tres colores luz primarios (rojo, verde y azul).

Este modelo es el adecuado para las imágenes que se muestran en monitores de ordenador y para imágenes que son impresas en impresoras de papel fotográfico. RGB es el modelo por defecto para las imágenes de Photoshop. Es el que muestran siempre los monitores de ordenador. Por ello, si se trabaja con otros modelos de color, Photoshop los cambiará el modelo a RGB temporalmente para su visualización.

El modelo RGB asigna un valor a cada uno de los colores de luz primarios que oscila entre 0 (negro) y 255 (blanco) para indicar la proporción con que se mezcla cada color.

10. Describe brevemente el modelo de color CMYK.

Este modelo de color está basado en la síntesis sustractiva que se basa en la impresión en colores. Se puede decir que es la versión moderna del modelo RYB, que aún se usa en pintura y bellas artes. El modelo CMYK tiene una gama de colores más amplia que el modelo RYB.

Este modelo se basa en la mezcla de colores cian, magenta, amarillo y negro (para la obtención de otros) y en la cualidad de absorber y rechazar luz de los objetos. Por ejemplo, si un objeto es rojo significa que el mismo absorbe todos los componentes de la luz efectuando el componente rojo.

11. De las siguientes frases indica cuál es verdadera o falsa.

a. Una de las principales causas de la fatiga postural es trabajar con un mobiliario inadecuado.

- **Verdadero**
- Falso

b. Uno de los síntomas de la fatiga mental es la somnolencia.

- ■ Verdadero
- ■ **Falso**

c. La fatiga mental se presenta cuando el trabajador se enfrenta a un esfuerzo intelectual o mental excesivo.

- ■ **Verdadero**
- ■ Falso

d. Un factor que puede influir en la fatiga postural es la falta de control sobre la situación.

- ■ Verdadero
- ■ **Falso**

Ejercicios de autoevaluación
Unidad de Aprendizaje 2

1. **Señala la opción que no es correcta:**

   a. Los medios y recursos gráficos promueven el aprendizaje cooperativo.
   b. Los medios y recursos gráficos se apoyan en criterios de selección y jerarquización, ayudando a los alumnos a "aprender a pensar".
   c. Algunos recursos gráficos se pueden utilizar como métodos de evaluación.
   d. **La pizarra es el recurso didáctico más antiguo en la enseñanza y que ya no suele usarse en ningún ámbito educativo.**

2. **Relaciona cada recurso gráfico con su afirmación correspondiente:**

   a. Murales.
   b. Rotafolio.
   c. Pizarra.
   d. Proyector.

   d. Necesita luz eléctrica para su utilización.
   a. Muestra la información de un contenido complejo, mejor que de forma verbal.
   c. No permite la elaboración previa del contenido de la sesión.
   b. Fácil manejo y bajo coste. El contenido se puede elaborar previamente.

3. **El mapa conceptual...**

   a. ... es una forma de organizar visualmente las ideas que permite establecer relaciones no jerárquicas entre ellas.
   b. **... es una técnica que tiene como finalidad sintetizar y al mismo tiempo relacionar los conceptos de un tema.**
   c. ... es un mapa visual que muestra la relación de unas categorías de información con otras categorías.
   d. ... permite ordenar una secuencia de eventos o hitos sobre un tema, visualizando con claridad la relación temporal entre ellos.

4. De las siguientes afirmaciones indica cuál es verdadera o falsa:

a. Los mapas conceptuales suelen utilizarse para analizar problemas, generar lluvia de ideas y elaborar planes.

- ■ Verdadero
- ■ **Falso**

b. Se le llama telarañas a los mapas visuales que muestran unas categorías de información con otras subcategorías.

- ■ **Verdadero**
- ■ Falso

c. Se llama diagrama de flujo a las representaciones gráficas de la estructura de una organización.

- ■ Verdadero
- ■ **Falso**

d. Se debe hacer una buena selección previa de las láminas, escogiendo el mayor número posible de ellas para que la información sea más completa.

- ■ Verdadero
- ■ **Falso**

5. Nombra los factores que se deben tener en cuenta para crear unas condiciones ambientales idóneas en el aula para la realización de una acción formativa.

Tamaño, espacio, accesibilidad, iluminación, temperatura, distractores, organización de las actividades y disposición del mobiliario.

6. Un correcto uso del retroproyector debe considerar...

a. ... su apagado cuando no esté en uso, evitando que se caliente de forma excesiva.
b. ... disponer de recambios de lámpara, ya que es uno de los elementos que se deteriora con mayor facilidad.

c. ... la tensión de la red, debiendo coincidir con la establecida y seleccionada en el aparato.

d. **Todas las afirmaciones anteriores deben ser consideradas para un uso correcto.**

7. **Nombra tres recomendaciones para el uso de las transparencias:**

- Las letras, signos y dibujos deben ser de un tamaño relativamente grande, resaltando siempre lo más importante.
- El contenido debe ser claro, por lo que no se debe cargar mucho cada transparencia. Cuanto menor sea el contenido más fácilmente será captado por los alumnos.
- El vocabulario que se utilice debe ser sencillo y poner solo la información más importante.

8. **Nombra tres recomendaciones de uso para el rotafolio.**

- Se debe diseñar una primera página que anuncie el tema, indicando el título y la ilustración del tema que lo explicite.
- Se deben elaborar esquemas del tema a desarrollar, combinando letras con figuras.
- Se pueden utilizar marcadores de colores como azul marino y verde para los textos, y rojo y naranja para escribir y resaltar títulos.
- Conviene que el rotafolios sea utilizado señalando una imagen a la vez.
- El tamaño de las letras debe ser lo suficientemente grande para que las puedan ver todos los alumnos que se encuentren lejos del rotafolios.

9. **Completa los huecos con las siguientes palabras: RETROPROYECTOR - ROTAFOLIO – LÁMINAS.**

El docente puede hacer uso del **retroproyector** para exponer de forma esquemática la presentación del curso o de la sesión, los objetivos y contenidos de la acción formativa.

El **rotafolio** al igual que la pizarra, se puede utilizar para resaltar conceptos o ideas que surjan durante la clase, pero principalmente es un recurso muy útil para el docente si necesita preparar la estructura del tema previamente.

Las **láminas** se deben mostrar siguiendo un orden: en primer lugar, hay que hacer una breve introducción resaltando su contenido, después sus elementos y finalizar con la imagen central.

10. ¿Se debe hacer una selección previa de las láminas que se van a utilizar en clase? Expón qué se debe tener en cuenta para dicha selección y explícalo.

Sí, se debe tener en cuenta:

- El tamaño: tiene que ser el adecuado para que lo pueda ver toda la clase.
- La composición: la lámina debe poseer un centro de interés definido, normalmente situado en el centro de esta o cerca, y puede estar determinado por el color, la nitidez, las líneas, la posición de las luces o sombras.
- Color: se recomienda que los colores sean naturales. El color en una situación pedagógica debe poseer la mayor realidad posible. Se debe tener en cuenta que el color también ejerce efectos fisiológicos y psicológicos en los individuos.
- Contraste: las láminas nítidas con mayor contraste facilitan una mejor presentación de la realidad.

11. Respecto a las partes de una sesión formativa...

- **a. ... en la última sesión conviene resaltar aquello que se ha aprendido relacionándolo con los objetivos.**
- b. ... en la presentación de la sesión el formador suele utilizar el retroproyector como recurso gráfico.
- c. ... el docente utilizará solo el rotafolio y el retroproyector para expresar los conceptos principales y secundarios de la sesión.
- d. ... la introducción de los objetivos y contenidos del programa de formación o de la sesión se realiza en la última parte de la sesión.

Ejercicios de autoevaluación
Unidad de Aprendizaje 3

1. Señala la opción que no es correcta:

    a. Cuando se termina una presentación se debe pulsar el interruptor *Off* del proyector, pero sin apagar aún su fuente de alimentación.

    b. Cuando se use un proyector se debe evitar dejar cables sueltos en áreas de circulación del alumnado.

    c. El proyector es una herramienta que emite luz y proyecta por sí mismo las diapositivas diseñadas previamente.

    d. Hay que evitar mirar directamente a la salida de luz del proyector multimedia.

2. Completa la siguiente oración.

La composición de un diseño de diapositivas es adecuar distintos elementos gráficos dentro de un espacio, seleccionándolos previamente y cambiándolos de manera que todos ellos aporten un significado para transmitir un mensaje claro a los receptores del mensaje.

3. De las siguientes afirmaciones, indica cuál es verdadera o falsa.

    a. Los materiales multimedia permiten la presentación de diferentes tipos de códigos y lenguaje (textuales, icónicos, sonoros y visuales).

        ■ **Verdadero**
        ■ Falso

    b. La parte superior de una diapositiva es la que posee una mayor ligereza visual.

        ■ **Verdadero**
        ■ Falso

c. No hace falta hacer un boceto previo de cómo va a ser la composición de una diapositiva.

- ■ Verdadero
- ■ **Falso**

d. Para el diseño de diapositivas se pueden utilizar multitud de tipos de fuentes tipográficas para cada una, ya que esto ayuda a captar la atención del público.

- ■ Verdadero
- ■ **Falso**

4. Nombra los tipos de animación de diapositivas que nos ofrece *PowerPoint 2021*.

- • Efectos de entrada.
- • Efectos de salida.
- • Efectos de énfasis.
- • Trayectoria de la animación.

5. Relaciona los siguientes elementos:

a. Preparación.
b. Apertura.
c. Cuerpo.
d. Conclusión.

d. Turno de preguntas para resolver dudas.
b. Exposición de los puntos que contiene el tema.
c. Desarrollo del contenido.
a. Comprobar que los alumnos podrán ver la presentación sin problemas.

6. Ordena los pasos para elaborar una presentación multimedia.

7. Colocar textos y elementos multimedia.
8. Establecer animaciones.
9. Establecer vínculos.

4. Desarrollar los contenidos textuales y los multimedia necesarios.
5. Diseñar las plantillas de pantalla.
6. Hacer una selección previa de los materiales multimedia y audiovisuales.
10. Comprobar su funcionamiento.
1. Seleccionar tema.
2. Fijar los objetivos.
3. Determinar los destinatarios.

7. **Relaciona las siguientes definiciones con el término correspondiente:**

a. *Keynote.*
b. *OpenOffice Impress.*

b. Programa de presentación similar al *PowerPoint* que pertenece a la *suite* de office de *OpenOffice* desarrollada por *Sun Microsistem.*
a. Programa de software de presentación, desarrollado como parte del set de productividad *Iwork* por *Apple inc.*

8. **Describe qué se hace en la conclusión de una presentación multimedia.**

En esta última parte se remarcan los conceptos e ideas claves que se quiere que los alumnos retengan en la memoria.

En la conclusión o resumen se sintetizará de la mejor manera posible y se presentarán solo aquellos conceptos y conclusiones relevantes. También es importante relacionar y buscar la conexión entre los puntos principales tratados en la presentación.

Al final de la presentación, el docente puede poner una actividad respecto al tema tratado en la presentación, a modo de evaluación.

9. El docente, para evitar dolores de espalda debido a las horas que pasa delante del ordenador elaborando las presentaciones, debe tener en cuenta...

   a. ... los reflejos que puede causar la luz natural que entra por las ventanas en la pantalla del ordenador.
   b. **... que la distancia entre el asiento y la mesa permita libertad de movimiento.**
   c. ... que el fondo de pantalla no sea demasiado oscuro.
   d. ... que las imágenes y los colores que utilice sean estables sin fenómenos destellantes, centelleos, etc.

10. Describe tres formas de prevenir problemas de espalda en la elaboración y diseño de presentaciones multimedia.

   Cualquiera de las siguientes se consideraría como respuesta válida:

   • Las dimensiones de la mesa deben ser suficientes para que el docente pueda colocar la pantalla y el teclado a una distancia adecuada y para que exista un espacio suficiente para apoyar las manos y los brazos.
   • Se recomienda un espacio mínimo de 10 cm entre el borde de la mesa y el teclado.
   • La distancia entre el asiento y la mesa debe permitir libertad de movimientos.
   • El asiento deberá ser estable y de altura regulable, recubierto de material transpirable y que tenga el borde anterior del asiento redondeado.
   • Las sillas deberían incluir ruedas, especialmente cuando se trabaje sobre superficies muy amplias. Las ruedas deben ser adecuadas al tipo de suelo existente, con el fin de evitar desplazamientos involuntarios.
   • El respaldo de la silla deberá ser reclinable y la altura ajustable. Se recomienda que el respaldo permita dar apoyo a la zona lumbar.
   • En el caso de que la silla tenga reposabrazos, estos no deberán impedir el acercamiento a la mesa.
   • Es importante usar reposapiés, siempre que no se use mesa regulable en altura, ya que permite evitar posturas inadecuadas.

11. Relaciona los aspectos que debe evaluar el docente después de una presentación multimedia con su opción correspondiente.

> a. Aspecto Técnico.
> b. Aspecto Pedagógico.
> c. Aspecto Funcional.

> **b.** Motivador y contenidos adecuado a los destinatarios.
> **c.** Eficacia y relevancia.
> **a.** Estructura, contenido y tipografía.

12. Explica cómo diseñar y elaborar presentaciones multimedia respetando el medioambiente.

En el diseño y elaboración de una presentación multimedia no se tienen que utilizar materiales impresos que luego se desecharán, ya que la mayor parte de la elaboración se puede hacer directamente en el ordenador a través del programa elegido, al igual que la información, imágenes, vídeos, etc., que se insertan en dicha presentación.

En el caso de que se necesite material impreso para recoger información, pueden ser manuales, libros o revistas los cuales se pueden guardar y volver a utilizar para otros trabajos.

Si por otro lado se quiere imprimir la presentación, o parte de esta para dársela al alumnado, se optaría por utilizar papel reciclado. Otra opción todavía mejor sería colgar la presentación en internet para que todos los alumnos tengan acceso a ella o se la descarguen en sus ordenadores si lo desean.

Ejercicios de autoevaluación
Unidad de Aprendizaje 4

1. **Señala la opción que no es correcta:**

   a. Internet se rige por unos protocolos de comunicaciones, creando una red virtual de recursos y servicios.
   b. Internet significa redes interconectadas, ya que es el resultado de la interconexión de miles de redes de ordenador.
   c. **El uso de internet está restringido a grandes empresas e instituciones educativas.**
   d. Internet ofrece diversos servicios que se pueden utilizar de forma casi gratuita.

2. **Nombra cinco características que describen la** *World Wide Web.*

   • Información por hipertexto.
   • Gráfico.
   • Global.
   • Público.
   • Dinámico.

3. **Señala cuáles de las siguientes afirmaciones son verdaderas o falsas.**

   a. El navegador web es el conjunto de páginas comunes a un dominio de internet o subdominio de la *World Wide Web.*

      ■ Verdadero
      ■ **Falso**

   b. El navegador web es un programa de computación especializado en la producción de páginas web.

      ■ Verdadero
      ■ **Falso**

c. Un navegador web es capaz de comunicarse con un servidor y comprender el lenguaje de todas las herramientas que manejan la información de la web.

- **Verdadero**
- Falso

d. El http es la dirección que localiza una información dentro de internet.

- Verdadero
- **Falso**

4. Completa la siguiente oración.

A las páginas de un sitio web se accede a través de una URL que normalmente reside en el mismo servidor físico. Las URL organizan las páginas en una jerarquía, aunque son los hiperenlaces los que controlan más particularmente cómo el lector percibe la estructura general y cómo el tráfico web fluye entre las diferentes partes de los sitios.

5. Encuentra los errores y escribe el texto de forma correcta.

El servidor es un programa de computación especializado en la selección de páginas web y en la transmisión de imágenes, animaciones, música y sonido. Este servidor web reside en un computador conectado de forma intermitente al sitio web, atendiendo a algunas solicitudes de páginas web y las tareas de procesos de datos que le hacen los usuarios de la red a todas las horas del día, todos los días del año.

El servidor es un programa de computación especializado en la selección de páginas web y en la transmisión de imágenes, animaciones, música y sonido que estas incluyen. Este servidor web reside en un computador conectado de forma permanente a Internet, atendiendo a todas las solicitudes de páginas web y las tareas de procesos de datos que le hacen los usuarios de la red a todas horas del día, todos los días del año.

6. Relaciona los siguientes elementos:

a. Página web.
b. Correo electrónico.
c. Chat.

b. Permite enviar textos y archivos de imágenes o sonido de forma rápida y fácil.
c. Permite conversar con varias personas a tiempo real.
a. Son escritas en lenguaje de marcado que provee la capacidad de manejar e insertar imágenes.

7. Indica si las siguientes afirmaciones son verdaderas o falsas. En el caso de que sean falsas escribe la afirmación correcta.

a. La videoconferencia es un sistema de comunicación para los encuentros a distancia, que únicamente permite escuchar y hablar con una persona independientemente de dónde se encuentre.

- Verdadero
- **Falso**

La videoconferencia es un sistema de comunicación para los encuentros a distancia, permitiendo ver, escuchar y hablar con una persona que se encuentre en cualquier parte del mundo.

b. Solo se puede acceder a un chat a través de sitios web.

- Verdadero
- **Falso**

A un chat se puede acceder de dos maneras, a través de sitios web y del servidor IRC.

8. Relaciona los siguientes nombres con las definiciones que le correspondan.

   a. Foro.
   b. Blogs.
   c. *Wiki.*

   b. Sitio web, con anotaciones hechas de forma cronológica y escritas por una persona o grupo de personas.
   c. Servicio de Internet que permite que las páginas sean editadas por varias personas a través de navegadores web.
   a. Aplicación web que da soporte a discusiones u opiniones en línea permitiendo a los usuarios expresar ideas o comentarios.

9. La organización en un sitio web se refiere a...

   a. ... la incorporación periódica de nuevos recursos, así como a la información de estos.
   b. ... que el sitio esté ordenado de manera lógica y cada segmento de información se relacione con los demás.
   c. ... la facilidad con la que se maneja y se navega dentro del sitio web.
   d. ... que el contenido muestre especial cuidado en el tratamiento y en el enfoque dado al desarrollo de un tema.

10. ¿Es necesario seguir algún criterio para la selección de recursos didácticos a través de la web? Si la respuesta es afirmativa, nombrar los indicadores que sean necesarios para evaluar la validez del sitio web elegido para la selección de recursos didácticos.

Sí, actualización, navegabilidad, organización; selección del contenido; legibilidad; y adecuación a los destinatarios.

11. Relaciona los siguientes elementos.

   a. Organización.
   b. Legibilidad.
   c. Selección del contenido.
   d. Navegabilidad.

d. Claridad del propósito de los iconos que contiene.

a. Posee título, encabezado o capítulos.

b. Buen contraste entre el fondo o el tipo de letra.

c. La información se presenta clara.

12. **En los criterios de selección de recursos didácticos a través de la web...**

a. ... deben incluirse los referentes a las características técnicas y comunicativas.

b. ... deben incluirse los aspectos correspondientes al área pedagógica.

c. **... deben incluirse tanto los referentes a las características técnicas y comunicativas como los aspectos del área pedagógica.**

d. Todas las opciones son incorrectas.

Ejercicios de evaluación
Unidad de Aprendizaje 5

1. De las siguientes afirmaciones, indica cuál es verdadera o falsa:

a. La pizarra digital interactiva se compone solo de la pantalla interactiva y de un ordenador.

- ■ Verdadero
- ■ **Falso**

b. El proyector multimedia es el que soporta los contenidos proyectados.

- ■ Verdadero
- ■ **Falso**

c. El lápiz interactivo se divide en tres partes: punta, botón A y botón B.

- ■ **Verdadero**
- ■ Falso

d. El receptor se puede colocar en cualquiera de las cuatro esquinas de la pizarra, aunque es más aconsejable colocarlo en las esquinas superiores.

- ■ **Verdadero**
- ■ Falso

2. El *software* de la pizarra digital interactiva...

a. ... solo tiene la opción de reconocimiento de escritura, de anotaciones y de dibujos.
b. ... ofrece la opción de recursos didácticos en formato HTML.
c. **... ofrece diferentes opciones como biblioteca de imágenes y plantillas, visualizar y utilizar el teclado en pantalla y reconocimiento de escritura manual entre otras.**
d. Las opciones a y b son correctas.

3. Escribe cuatro características de la pizarra digital interactiva.

- Permite la escritura directa sobre el tablero-pizarra.
- Desde la pizarra digital interactiva se pueden complementar las exposiciones y controlar los programas informáticos con un rotulador digital o con el dedo.
- Ofrece la posibilidad de interactuar con los programas que salen en la pantalla.
- Los subrayados permiten destacar algunos aspectos importantes de las explicaciones de manera natural e inmediata.
- Permite una triple interacción: profesor desde el ordenador, alumnos en la pizarra y el resto desde sus asientos.
- Los contenidos que son elaborados en dicha pizarra pueden guardarse y ser recuperados en cualquier momento.
- El docente puede tener una conexión directa con reprografías, pudiendo imprimir cualquier explicación desarrollada en ellas, así como también podrá enviar estos contenidos por e-mail a sus alumnos o compañeros.
- Puede tener acceso a internet para recoger o presentar información directamente de páginas web.

4. Completa los huecos con las siguientes palabras: COMPETENCIAS - AUDIOVISUALES - ATENCIÓN.

El uso de la PDI consigue que el desarrollo de las clases sean más dinámicas, vistosas y audiovisuales, facilitando así el seguimiento de las explicaciones del docente.

La PDI favorece la atención del alumnado. Están más motivados e interesados por el tema que se desarrolla en ese momento, aun siendo de los que suelen resultar más aburridos o complicados.

La PDI desarrolla un papel más activo por parte de los alumnos en las actividades, ya que están motivados a participar más, además disponen de más oportunidades para el desarrollo de competencias como las de buscar información, realizar trabajos multimedia y presentarlos a los compañeros.

5. Completa la siguiente oración.

El calibrado debe realizarse la primera vez que se utilice la pizarra, y solo cuando se observen problemas de respuesta entre lo que se toca o se escribe en la pantalla y lo que el equipo interpreta.

6. Encuentra los errores y vuelve a escribir el párrafo correctamente.

La pizarra digital interactiva no permite la escritura directamente sobre la pantalla, ya sea con el rotulador o con el dedo. Lo escrito se borra con el rotulador y al pasar este o la mano por encima de lo que se desee borrar. El color del rotulador determina el color de la escritura, ya que es el rotulador el que envía la señal al ordenador indicando el color seleccionado.

La pizarra digital interactiva permite la escritura directamente sobre la pantalla, ya sea con el rotulador o con el dedo. Lo escrito se borra al levantar el borrador y pasar este o la mano por encima de lo que se desee borrar. El color de la ranura determina el color de la escritura, ya que es la ranura la que envía la señal al ordenador indicando el color seleccionado.

7. Escribe las opciones de la barra de herramientas de contexto web.

- Color seleccionado.
- Trazo seleccionado.
- Resaltador. Anotaciones colores transparentes.
- Marcador. Permite realizar a notaciones.
- Guardar las notas realizadas.
- Figuras geométricas.
- Borrador.
- Volver a la rueda principal.

8. Entre las herramientas que tiene la pizarra interactiva se encuentra la opción de modo ratón. Dicha opción...

a. ... no permite trabajar sobre la superficie de la proyección, sino que se tiene que hacer a través del ordenador.
b. ... permite hacer capturas de pantalla.

c. ... permite grabar y reproducir vídeos.

d. **... permite trabajar sobre la superficie de proyección como si el lápiz interactivo fuese el ratón del ordenador.**

9. **Nombra los seis tipos de ruedas de herramientas que se pueden encontrar.**

Barra de herramientas contexto web; barra de herramientas contexto *Scrapbook;* barra de herramientas contexto *Scrapbook* selección texto; barra de herramientas contexto grabación; barra de herramientas contexto anotación *Scrapbook;* herramientas interactivas *Power Point.*

10. **Indica si las siguientes afirmaciones son verdaderas o falsas. En el caso de que sean falsas, escribe la afirmación de forma correcta.**

a. En algunas aplicaciones del escritorio de la PDI, al levantar el rotulador aparece un borde alrededor de la pantalla, lo cual quiere decir que no se puede escribir hasta que no desaparezca.

- Verdadero
- **Falso**

En algunas aplicaciones del escritorio de la PDI, al levantar el rotulador, aparece un borde alrededor de la pantalla que indica que se puede escribir.

b. Cuando se escribe en la pizarra interactiva, en el caso de que se levanten varios rotuladores simultáneamente, tendrá preferencia el primero que se haya cogido.

- Verdadero
- **Falso**

Cuando se escribe en la pizarra interactiva, en el caso de que se levanten varios rotuladores simultáneamente, tendrá preferencia el último que se haya cogido.

11. Relaciona los siguientes elementos:

a. Proporciona al sistema unos puntos de referencia que permiten ubicar correctamente las maniobras que se realizan sobre ellas.
b. Se pueden hacer anotaciones sobre él y guardar los cambios.
c. Captura todo el escritorio o parte de él.

c. Captura de pantalla.
b. *PowerPoint.*
a. Calibración.

12. Para hacer un uso correcto de las PDI, se debe tener en cuenta...

a. ... que el cableado vaya por el suelo, lo cual ahorrará tiempo en instalarlo por paredes o techo.
b. ... los alumnos dispondrán de un sistema inalámbrico que les permitirá el acceso a internet.
c. ... el aula debe tener cortinas y persianas para evitar reflejos en la pantalla.
d. Las opciones b y c son correctas.

13. Señala la opción que no es correcta.

a. La PDI se puede ubicar en el aula de informática.
b. La PDI se puede ubicar en el aula de usos múltiples para que esté a disposición de quien la necesite.
c. Es más aconsejable utilizar una PDI móvil, para poder trasladarla de un aula a otra.
d. La PDI se puede instalar en el aula del profesor.

14. Explica por qué es mejor instalar una pizarra digital interactiva en el aula de forma fija, que disponer de una pizarra digital móvil.

La pizarra digital móvil es menos aconsejable debido a la fragilidad de algunos materiales, sobre todo del vídeo proyector y al problema que supone desenrollar y conectar, así como desconectar y enrollar los cables de alimentación y de conexión al ordenador, etc. Por lo que se aconseja realizar instalaciones fijas en las aulas siempre que se pueda, mejor que usar las pizarras digitales móviles.

Ejercicios de autoevaluación
Unidad de Aprendizaje 6

1. **Las plataformas/aulas virtuales...**

   a. ... se suelen utilizar como complemento de una clase presencial.
   b. ... son exclusivas para la educación en teleformación.
   c. ... tienen la desventaja de que el docente no puede corregir las actividades que el alumno realiza.
   d. **... tienen un doble uso: como complemento a la educación presencial y para la educación en teleformación.**

2. **Nombra tres características de las aulas virtuales expuestas por Barberá y Badía (2005).**

   - Una organización menos definida del espacio y el tiempo educativos.
   - Uso más amplio e intensivo de las TIC.
   - Planificación y organización de aprendizaje más guiado en sus aspectos globales.
   - Contenidos de aprendizajes apoyados con mayor base tecnológica.
   - Forma telemática de llevar a cabo la interacción social.
   - Desarrollo de las actividades de aprendizaje más centrado en el alumnado.

3. **Señala la opción que no es correcta.**

   a. Existen tres tipos de aulas virtuales según sus dimensiones.
   b. Las aulas virtuales en tres dimensiones son espacios donde los participantes interactúan libremente sobre la plataforma virtual.
   c. **Una de las ventajas del aula en dos dimensiones es que las conversaciones se guardan automáticamente.**
   d. Una de las desventajas en común que tienen las aulas en 2D y 3D es que pueden convertirse en una mera zona social.

4. De las siguientes afirmaciones, indica cuál es verdadera o falsa.

a. Se pueden distinguir tres tipos de plataformas virtuales según la forma de adquirirlas: comerciales, de *software* libre y de *software* propio.

- ■ **Verdadero**
- ■ Falso

b. Entre las plataformas comerciales se encuentran: Moodle, Caroline y USAT.

- ■ Verdadero
- ■ **Falso**

c. Entre las plataformas de *software* libre se encuentran: Moodle, Caroline y Docebo.

- ■ Verdadero
- ■ **Falso**

d. Una de las ventajas de la plataforma de *software* propio es que es de fácil reajuste.

- ■ **Verdadero**
- ■ Falso

5. Completa las siguientes oraciones.

En los foros (en el ámbito educativo) se pueden plantear diferentes situaciones de aprendizaje que irán desde la motivación de un contenido hasta la sistematización y generalización de los conocimientos. De este modo se asume una comunicación asincrónica. Gracias a esta herramienta, el estudiante tiene tiempo de meditar su respuesta, consultar y contrastar con la teoría ya facilitada previamente y emitir un juicio sobre el caso presentado.

6. Nombra los tipos de foros que existen y comenta brevemente cada uno de ellos.

Un debate sencillo: consiste en un intercambio de ideas u opiniones sobre un tema determinado, todo en una página. Normalmente se usa para debates cortos y muy concretos.

Foro normal, para uso general: consiste en un foro abierto en el que cualquiera puede comenzar un nuevo tema de debate en el momento que quiera.

Cada persona inicia un debate: al igual que en el debate de uso general, cualquier persona puede comenzar un nuevo tema de debate, al que todos podrán responder. Es útil si el docente quiere saber la opinión de sus alumnos sobre algún tema en concreto o actividad realizada y necesita que todos respondan.

7. Relaciona los siguientes elementos.

> a. Foros.
> b. Chat.
> c. Correo electrónico.

> **c.** Ofrece la posibilidad de enviar mucha información a la vez.
> **a.** Punto de encuentro para personas que quieran comunicarse con otras, la comunicación se produce de forma asíncrona.
> **b.** Existe bajo tiempo de espera.

8. Rodea la palabra más adecuada en referencia a la afirmación que se hace.

> a. Los textos escritos e imágenes pueden ser vistos en (línea) (ordenador), o también se pueden descargar si el alumno lo prefiere, para tenerlos en su ordenador y acceder a ellos cuando los necesite, así como para imprimirlos.
> b. El formato que más se utiliza para la documentación escrita es el (pdf) (jpg).
> c. Está la posibilidad de bajar los vídeos e imágenes desde la (plataforma) (red). Para ello, se debe contar con programas adecuados instalados en el equipo para poder reproducirlos.

9. La *Webquest*...

   a. ... es una herramienta de comunicación específica de las aulas virtuales.
   b. ... tiene un proceso de elaboración que consta de cuatro pasos.
   c. **... es una herramienta destinada al trabajo didáctico que forma parte de una enciclopedia y que consta de una investigación guiada.**
   d. Las opciones b y c son correctas.

10. **Encuentra los errores y reescribe el párrafo correctamente:**

Con las **wikis** se puede estimular al estudiante en el aprendizaje interactivo. Se incentiva el desarrollo personal al plantearle propuestas de trabajo colaborativo y originales, siendo el estudiante el responsable directo de su aprendizaje. También se incentiva el desarrollo profesional de los alumnos mediante la discusión entre sus compañeros en el momento de explorar nuevos conceptos.

Con esta herramienta se puede estimular al estudiante en el aprendizaje colaborativo. Se incentiva el desarrollo personal al plantearle propuestas de trabajo creativas y originales, siendo el estudiante el responsable directo de su aprendizaje. También se incentiva el desarrollo social de los alumnos mediante la discusión entre sus compañeros en el momento de explorar nuevos conceptos.

11. **Escribe en orden los pasos que se deben seguir para elaborar un videotutorial.**

   1. Planificación
   2. Guion
   3. Grabación
   4. Edición
   5. Publicación

12. ¿Crees que es necesario que en el videotutorial el docente explique todo paso por paso, aun pareciendo las explicaciones innecesarias debido a que pueden resultar demasiado obvias? ¿Por qué?

Sí, es necesario porque las explicaciones de un videotutorial tienen que ser muy claras, ya que no dan opción a preguntar dudas. Nunca se deben dar las cosas por sabidas, ya que si se salta cualquier paso en la explicación puede que el resto de los pasos no queden claros o entendibles.

13. Completa los huecos con las siguientes palabras: CORREGIR - DIGITAL - INTERFAZ – LÍNEA.

A través de las tareas el tutor podrá solicitar a los participantes la realización de una tarea que deberán desarrollar. Esta tarea, normalmente consistirá en la creación de un archivo en formato digital que los alumnos deberán "subir" al curso, mediante un formulario para su corrección. Dicha tarea también se podrá realizar en línea.

Independientemente de cómo se realice, el tutor podrá corregir y calificar la tarea y realizar algún comentario al respecto.

Una vez que los alumnos hayan realizado la tarea, se la deben enviar al tutor a través de la plataforma, si así se lo requiere. Para enviar la tarea se dispone de una interfaz donde se debe anexar el archivo generado.

actividades

Actividad 1

Has iniciado la clase con la pizarra interactiva y te das cuenta que cuando estás explicando no puedes apuntar, alinear y orientar correctamente. ¿Qué es lo que sucede?

Tienes que tener en cuenta que la pizarra interactiva y el proyector no están instalados, son móviles.

a. Lo que ocurre es muy sencillo, no estás acostumbrado a utilizar la pizarra y necesitas más precisión en tus movimientos.
b. Lo que ocurre es que cada vez que se ponga en marcha la pizarra se debe calibrar debido a que no es fija.
c. Siempre que se vaya a utilizar la pizarra debe calibrarse, independientemente de que esté instalada o sea móvil.

SOLUCIÓN

Para que sea posible ubicar correctamente las maniobras que se realizan sobre la pizarra es necesario calibrarla. Calibrar significa proporcionar al sistema unos puntos de referencia que permita la realización de esas maniobras.

Se realizará en función de si son o no fijos los diferentes elementos. Cuando la pizarra y proyector NO son fijos, el calibrado deberá realizarse cada vez que se ponga en marcha el sistema e incluso durante la exposición, ya que cualquier movimiento del proyector o de la PDI desajustará los puntos de referencia que tenía asignados desde la última vez que se calibró.

Impartición de acciones formativas para el empleo

Ejercicios de autoevaluación
Unidad de Aprendizaje 1

1. ¿Qué es la andragogía?

Es la disciplina que se ocupa del estudio de la educación y el aprendizaje en personas adultas.

2. ¿Quién se considera el fundador de la andragogía?

   a. John Dewey.
   b. Malcom Knowles.
   c. La UNESCO.
   d. Ausubel.

3. Indica a qué términos hacen referencia las siguientes definiciones:

   a. Se podrá considerar como la acción de instruirse y el tiempo que se dedica a dicha acción, así como el procedimiento por el cual una persona es entrenada para dar solución a unas determinadas situaciones.

4. Relaciona los elementos que forman parte del acto educativo con su significado.

   a. Docentes.
   b. Alumnado.
   c. La materia a impartir, contenidos.
   d. Métodos.
   e. Contexto.
   f. Interacción.

   1. Son los sujetos que conocen la materia, serán los encargados de enseñar, en resumidas cuentas, son las personas que pueden, quieren y saben enseñar.
   2. Llamada también elementos curriculares, son los contenidos sobre los que se deberá trabajar y que se deberán transmitir en el proceso de enseñanza-aprendizaje.

3. Se entenderá el resultado de las situaciones donde los actores del proceso educativo (alumnado y docentes) actúan de forma simultánea y recíproca.
4. Los actos de enseñar y aprender acontecen en un determinado marco, influenciado por unas condiciones físico-espaciales, sociales y culturales.
5. Se pueden entender como los medios y la metodología que se van a usar en el proceso de enseñanza-aprendizaje para facilitar el acto educativo.
6. Se corresponden con los receptores del aprendizaje, son los que pueden, quieren y saben aprender. En todo proceso educativo deberá existir una predisposición por parte del alumnado, de lo contrario el aprendizaje no se producirá.

   a. 1
   b. 6
   c. 2
   d. 5
   e. 4
   f. 3

5. Señala cuál de las siguientes no es una característica del aprendizaje adulto según la andragogía.

   a. Experiencia.
   b. Prisa por aprender.
   c. Motivación.
   d. Frustración.

6. Completa el siguiente texto:

A modo de conclusión se puede afirmar que los adultos **saben lo que quieren** y lo que necesitan y su interés influirá decisivamente en el proceso de enseñanza-aprendizaje, como consecuencia de ello, el proceso educativo deberá cumplir y satisfacer las **expectativas** en él depositadas para que la **motivación** no se vea afectada ni se ponga en peligro el desarrollo del proceso en condiciones óptimas.

7. ¿Cuáles son los fundamentos sobre los que debe asentarse el proceso de enseñanza- aprendizaje según la andragogía?

Todo el proceso debe organizarse y conducirse a través de tareas puntuales, que sean claras y específicas y que permitan al alumnado obtener una idea inmediata de la utilidad de los nuevos conocimientos.

En el proceso de enseñanza-aprendizaje se deberán incluir actividades y ejemplos de situaciones reales, para que el alumnado pueda relacionarlos con sus experiencias previas y con sus proyectos de vida.

8. ¿Cuál de las siguientes no es una función del docente en la impartición de acciones formativas?

    a. Impartir las acciones formativas.
    b. Evaluar las acciones formativas.
    c. Gestionar las incidencias en la plataforma para las acciones formativas.
    d. Programar las acciones formativas.

9. ¿Qué es la percepción?

La percepción se produce a través de los órganos de los sentidos y consiste en recibir, elaborar e interpretar la información proveniente de los estímulos del entorno, mediante un proceso nervioso superior. Es, por lo tanto, el proceso por el cual se conoce el entorno, ya que a través de este proceso se seleccionan y organizan los estímulos del ambiente y se producen experiencias significativas para las personas.

10. ¿Cuál de las siguientes no es un tipo de memoria?

    a. Memoria sensorial.
    b. Memoria perceptiva.
    c. Memoria de trabajo, operativa o a corto plazo.
    d. Memoria permanente o a largo plazo.

11. Señala si son verdaderas o falsas las siguientes afirmaciones:

a. Los tipos de comunicación son verbal, escrita y no verbal.

- ■ Verdadero
- ■ **Falso**

b. La comunicación verbal puede ser de dos tipos: oral y escrita.

- ■ **Verdadero**
- ■ Falso

c. Se cree que el primer tipo de comunicación que se produjo en los seres humanos es la comunicación no verbal.

- ■ **Verdadero**
- ■ Falso

12. ¿Cuál de las siguientes formas de comunicación no verbal no resulta apropiada para el docente?

a. Las manos del docente deben tener movimientos rítmicos y pausados.
b. Es recomendable mantener los brazos despegados del torso y doblados.
c. **Se recomienda mirar fijamente a una persona cuando se esté transmitiendo información.**
d. El rostro del docente debe permanecer relajado y esbozar una leve sonrisa.

13. ¿Qué tres tipos de barreras pueden producirse en la comunicación?

Ambientales: se originan en el contexto en el que se produce la comunicación, son impersonales y, por ejemplo, pueden ser debidas a ruidos, calor, incomodidad, etc.

Verbales: este tipo de barreras se deben a la forma de hablar de quien está emitiendo el mensaje, pudiendo consistir en una velocidad inadecuada del lenguaje, una mala entonación o dicción.

Interpersonales: en este tipo de barreras son las personas las que causan las interferencias en la comunicación y pueden ser debidas a errores en la percepción, suposiciones incorrectas, etc.

Ejercicios de autoevaluación
Unidad de Aprendizaje 2

1. ¿Es lo mismo un grupo que una agrupación de personas?

No, una agrupación puede ser casual, pero para que se dé un grupo es necesaria la interacción de los individuos en un orden determinado y un proceso de evolución del mismo.

2. ¿Cuál de las siguientes no es una característica de un grupo?

    a. Los integrantes del mismo participan en interacciones frecuentes.
    b. Los integrantes del grupo se definen entre sí y son definidos por otros como pertenecientes a un determinado grupo.
    c. Los integrantes del grupo participan desempeñando un rol o roles sociales.
    d. Los integrantes del grupo pueden tener objetivos y metas diferentes.

3. Define el concepto de grupo de aprendizaje.

Estructura formada por personas que interactúan en un espacio y tiempo común para lograr determinados aprendizajes en los individuos a través de su participación en el grupo.

4. Relaciona cada grupo con sus características:

    a. Grupos formales de aprendizaje.
    b. Grupos informales de aprendizaje.
    c. Grupos de base cooperativos.

    1. Las actividades propuestas a este tipo de grupos pueden ir de 3 a 5 minutos, trata de fomentar un clima propicio para favorecer la organización y la interiorización de los conocimientos por parte del alumnado.
    2. Este tipo de grupos tienen un funcionamiento a largo plazo, al menos un año de duración. Las relaciones personales son muy fuertes entre sus integrantes, son grupos heterogéneos y su duración promueve la creación de los vínculos entre sus

integrantes. Las relaciones personales favorecen el cumplimiento de las metas propuestas para el grupo.

3. Estos grupos tienen una duración de 1 hora durante varias semanas, son creados para alcanzar un objetivo común, en ellos se garantiza la participación activa del alumnado en tareas organizativas e intelectuales.

a. 3
b. 1
c. 2

5. Completa:

El **gran grupo** puede estar formado por más de 60 personas. Este tipo de grupos será adecuado para el desarrollo de materias generales, verbales o audiovisuales, se considerarán **presentaciones de información** que después se **trabajarán y profundizarán** en grupos más pequeños.

6. ¿Cuál de las siguientes características no se considera una causa de exclusión social?

a. El desempleo, especialmente de larga duración.
b. El empleo sumergido y el empleo precario.
c. **El desempleo en mayores de 25 años y menores de 45.**
d. Las diversidades físicas, psíquicas y sensoriales.

7. Señala si las siguientes oraciones son verdaderas o falsas.

a. Las personas con discapacidad suponen un colectivo con riesgo de sufrir exclusión social.

■ **Verdadero**
■ Falso

b. Las personas mayores de 65 años sin cargas familiares suponen un colectivo en riesgo de exclusión social.

■ Verdadero
■ **Falso**

8. Ordena las etapas del desarrollo grupal propuesto por Tuckman.

    a. Ejecución.
    b. Normatividad.
    c. Tormenta.
    d. Formación.
    e. Terminación.

    a. 4
    b. 3
    c. 2
    d. 1
    e. 5

9. ¿Cuál de las siguientes no es una meta de la dinamización grupal?

    a. Promover el conflicto continuado como medio para fomentar el diálogo.
    b. Ayudar al avance continuado del grupo y superar las posibles fases de estancamiento.
    c. Realizar un análisis profundo de los problemas.
    d. Dar a conocer pautas de comportamiento.

10. ¿En qué consiste la técnica grupal de análisis de casos?

Consiste en proporcionar una serie de casos que representen diversas situaciones problemáticas de la vida real para que se estudien y analicen. De esta manera, se pretende entrenar a los alumnos en la generación de soluciones.

11. Relaciona las siguientes técnicas con sus características:

  a. Phillips 66.
  b. Seminario.
  c. Grupo nominal.
  d. Mesa redonda.
  e. Foro.
  f. Lluvia de ideas o *brainstorming*.

  1. Es una técnica que incita al grupo a generar diferentes ideas originales sobre un tema determinado, en principio toda idea es válida, ninguna es rechazada.
  2. Pequeños grupos de 6 personas debaten durante 6 minutos sobre un tema concreto, obteniendo una conclusión general.
  3. Con esta técnica un grupo de trabajo estudia algún tema, problema o solución con el que se pretende llegar al consenso, que se consigue según las prioridades e importancia establecida por el grupo, a través de votación de los participantes.
  4. En esta técnica varias personas discuten sobre un tema determinado ante un auditorio.
  5. Un pequeño grupo, previa investigación y documentación de las fuentes de información sobre el tema a tratar, expone sus conclusiones al resto del grupo.
  6. Consiste en un grupo de discusión en torno a un tema relevante dirigida por un moderador.

  a. 2
  b. 5
  c. 3
  d. 6
  e. 4
  f. 1

12. ¿En qué consiste la mediación?

La mediación es una forma de resolver conflictos entre dos o más personas, se trata de un proceso estructurado por el cual las personas enfrentadas se reúnen en presencia de una tercera persona imparcial, el mediador, y buscan soluciones de forma conjunta. La mediación es un proceso voluntario y confidencial.

Ejercicios de autoevaluación
Unidad de Aprendizaje 3

1. ¿Cómo se definen los métodos de enseñanza?

Se podrán definir como aquellos procedimientos didácticos que se seguirán en el desarrollo de las acciones formativas para la consecución o logro de los objetivos propuestos.

2. Identifica cuáles son las características del alumnado que se deberán tener en consideración en la elección de un método educativo:

    a. Si la acción se desarrollará de forma grupal o individual.
    b. El tamaño del grupo y sus características.
    c. La edad del alumnado.
    d. Las necesidades formativas, las capacidades, conocimientos previos o habilidades del alumnado.
    e. Todas las opciones son correctas.

3. En cuanto a su relación con la realidad, los métodos didácticos pueden ser:

    a. Simbólicos o intuitivos.
    b. Métodos basados en la psicología del alumno o en la lógica de la disciplina.
    c. Inductivos o comparativos.
    d. Activos o pasivos.

4. Relaciona las siguientes técnicas didácticas con su explicación:

    a. Técnica expositiva.
    b. Técnica cronológica.
    c. Técnica del diálogo.

    1. Consiste en presentar los hechos en el orden y secuencia exactos de su aparición en el tiempo. Esta técnica puede ser progresiva o regresiva, dependiendo de si se presentan los hechos desde el pasado hasta la época actual o al revés.

2. Se trata de la exposición verbal por parte del docente-formador de los contenidos, en esta técnica se deberá estimular la participación del alumnado, requiere de una gran motivación por parte del alumnado para atraer la atención de los mismos.
3. Se trata de orientar al alumnado en el proceso de reflexión sobre los contenidos, fomentar el pensamiento crítico y la motivación para la investigación.

a. 2
b. 1
c. 3

5. Indica si las siguientes afirmaciones son verdaderas o falsas:

a. La técnica del debate se basa en una discusión abierta de carácter formal sin intervención por parte del docente.

■ Verdadero
■ **Falso**

b. En la técnica del estudio de casos, el docente presenta un caso que debe ser estudiado.

■ **Verdadero**
■ Falso

c. La técnica exegética requiere de la consulta de obras de autores relacionados con los contenidos objeto de estudio.

■ **Verdadero**
■ Falso

6. ¿Cuáles son los tres factores fundamentales en la relación de docentes y alumnado en relación a las habilidades docentes?

• El dominio de la materia que imparte el docente o dominio científico.
• La transparencia o claridad didáctica en la labor a realizar, así como la cercanía emocional entre docentes y alumnado.
• La eficacia como comunicadores o habilidades de comunicación que se posean.

7. Indica cuáles son los comportamientos que Allen y Ryan propusieron en 1968 para el desarrollo de las habilidades docentes.

- Variación de estímulos.
- Sensibilización como técnica introductoria.
- Integración de los conocimientos o recapitulación.
- Comunicación no verbal, uso del silencio.
- Refuerzo de la motivación y participación del alumnado.
- Secuencialidad.
- Control de la comprensión.

8. Completa la siguiente tabla sobre los estilos didácticos:

ESTILO TÉCNICO	ESTILO PRÁCTICO	ESTILO CRÍTICO
- No existe preocupación por el valor y sentido de la acción formativa. - Se limita a transmitir los contenidos que se le exige impartir. - No se tiene en cuenta la calidad y se reproducen los modelos con los que los propios docentes fueron instruidos. - Es un modelo centrado en el formador. - Resistencia a los cambios, cumplimiento con el programa a rajatabla. - Se centran en mantener la disciplina. - Sus enseñanzas tienen un marcado carácter funcional y competitivo.	- Todo es susceptible de ser cuestionado. - Asumen la tarea docente como la posibilidad de mejorar si es necesario. - Suelen ser docentes reflexivos en lo que hacen, se preguntan el por qué y para qué. - Se usan métodos variados y flexibles para que los alumnos aprendan a aprender. - Centrados en los aspectos - Psicopedagógicos de la enseñanza.	- Son docentes muy reflexivos y entienden la formación como participativa y democrática. - Creen en la educación como un medio para el desarrollo humano y la liberación. - Suelen "quemarse" con facilidad.

9. Indica cuáles son los pasos para una exposición didáctica:

- Motivación del alumnado y creación de expectativa e interés ante la exposición.
- Información inicial sobre el tema a trabajar.
- Consolidación e integración de dicha información, se relacionará la nueva información con los contenidos anteriores y con los contenidos que se verán en siguientes sesiones.
- Se realizará una síntesis de los contenidos trabajados para que esta información pueda ser retenida con mayor facilidad por el alumnado.
- Evaluación, en esta fase el docente tratará de evaluar la adquisición de la información por parte de los alumnos, así como posibles carencias o déficits tanto en los contenidos como en la fase de exposición.

10. Completa la siguiente tabla:

Materiales convencionales	Materiales audiovisuales	**Nuevas tecnologías**
- **Impresos: textos, fotocopias, libros, periódicos, etc.** - **Pizarras, en cualquiera de sus formas tradicionales.** - **Materiales para la manipulación como cartulinas y recortables.** - **Juegos, como pueden ser los juegos de mesa.** - **Materiales de laboratorio: microscopios, recipientes, tubos de ensayo.**	- Materiales de audio: programas de radio, etc. - Imágenes fijas proyectables: fotografías, diapositivas. - Materiales audiovisuales como vídeos, películas, etc.	- Programas didácticos, *online*, como por ejemplo videojuegos, presentaciones multimedia, animaciones, simulaciones, - Servicios telemáticos: plataformas educativas, páginas web, videoconferencias, etc.

11. ¿Cuáles son las ventajas de las aulas virtuales frente a las aulas tradicionales?

- No requiere un espacio físico (deslocalización geográfica), por lo que evita los desplazamientos, ampliando el alcance de las acciones formativas a personas con dificultades para los desplazamientos o más alejadas de los lugares donde se realiza la acción formativa.
- Permite el acceso con total libertad de horarios.
- Distribuye la información de forma rápida y precisa a todos los participantes, facilitando la individualización de la educación.
- Sus costes son más reducidos.
- Se complementa con los medios y formas educativas tradicionales.

12. Indica cuáles son los objetivos del diseño del proceso formativo en aulas virtuales:

a. Debe ser global.
b. Ha de ser un diseño fijo.
c. Solo se podrá utilizar en un contexto formativo.
d. Debe poder adaptarse a cada usuario.

13. Relacione las tareas administrativas de los docentes en las aulas virtuales:

a. Las tareas relacionadas con la planificación consistirán en...
b. Las tareas relacionadas con el fomento de las relaciones interpersonales consistirán en...
c. Las tareas relacionadas con el seguimiento del alumnado consistirán en...

1. ... realizar un seguimiento individual de cada alumno, gestionando su información, fichas, etc.
2. ... fomentar la participación, interacción y comunicación de los alumnos en los diferentes medios al alcance.
3. ... la planificación y organización de la acción formativa.
4. ... favorecer la motivación del alumnado hacia el logro de los objetivos propuestos.
5. ... facilitar al alumnado la información necesaria y realizar un seguimiento del aprendizaje de los mismos.

6. ... resolver las posibles dudas.
7. ... prever las posibles dificultades en el aprendizaje que puedan plantearse.
8. ... favorecer el desarrollo del alumnado y ayudarle en la superación de dificultades.
9. ... establecer actividades colaborativas y hacer de mediador en dichas actividades.
10. ... favorecer la interacción del alumnado entre sí, con el docente y en el uso de los diferentes medios y herramientas, tanto síncronos como asíncronos.

a. **3, 5, 7, 10.**
b. **2, 4, 6, 9.**
c. **1, 8.**

actividades

Actividad 1

Juana es una mujer de 65 años que siempre se ha dedicado a la confección, trabajo que le encanta, y ahora que se ha jubilado se siente un poco desanimada, pues no sabe en qué ocupar su tiempo.

Sus hijos viven en el extranjero, por ello, se ha apuntado a un curso de "Internet y herramientas de la web 2.0. Nivel básico". Cree que de este modo, podrá aprender a utilizar herramientas que le permitan comunicarse con ellos de forma más frecuente.

En el curso, las actividades que plantean están orientadas a buscar información en Internet o usar el correo electrónico. Una de las actividades que les han planteado consiste en buscar en Internet una receta de cocina que les guste y enviarla a un contacto a través del correo electrónico... y Juana detesta cocinar, por lo que la mayoría de las actividades que le están planteando le resultan pesadas y está perdiendo el interés... además, con el *e-mail* no puede hablar como quisiera con sus hijos, es más inmediato cuando escriben a través del programa de mensajería de su móvil...

¿Qué características del aprendizaje adulto no está teniendo en cuenta el tutor de Juana? ¿Qué solución puede dar a esta situación, para que Juana no pierda el interés?

a. El tutor no está teniendo en cuenta los conocimientos que tiene Juana, por lo que la solución sería preguntarle primero si sabe manejar el ordenador, antes de acceder a Internet, y enseñarla, en su caso. Así, organizará las clases de forma que dedique parte de su tiempo a cada alumno, y pueda enseñar de forma personalizada lo que estos necesiten.

b. El tutor no está teniendo en cuenta los sentimientos de Juana, por lo que debe aplicar estrategias para que se tome la jubilación como una oportunidad, en lugar de como lo hace ahora.

c. El tutor está teniendo en cuenta al grupo, que es lo que tiene que hacer, y Juana debe adaptarse a ellos. No debe cambiar nada.

d. El tutor no está teniendo en cuenta la motivación de Juana para realizar el curso, ni las prisas por aprender y aplicar de forma práctica los conocimientos a sus intereses. La solución sería dar al alumnado una visión global de lo que va a ver en el curso, que Juana entienda que se verán otras herramientas para la comunicación, pero que será de forma secuencial. Además, debe adaptar las actividades, orientándolas a los intereses de los participantes.

e. El tutor no está teniendo en cuenta el autoconcepto. El aprendizaje adulto es autodirigido, por lo que debe explicar la teoría de forma básica y general, y dar al alumnado el material y recursos para que ellos los analicen y estudien, y una vez que lo hagan, simplemente proponer que practiquen, realizando las actividades que ellos deseen siempre y cuando usen Internet para ello, de forma que sean los participantes quienes dirijan sus propias acciones de formación.

SOLUCIÓN

Los adultos encontrarán más motivación para aprender en factores internos, tales como la autoestima, reconocimiento de otras personas, mejora en la calidad de vida, etc. Por lo tanto, el tutor de Juana tendrá que tener en cuenta sus motivaciones, y plantear las actividades orientadas en ese sentido.

Por ejemplo, en lugar de plantear la búsqueda de una receta de cocina, para trabajar la búsqueda en Internet puede proponer varias opciones, o una opción libre siempre y cuando se sigan unas pautas. En el caso de Juana, podría estar relacionada con la confección.

Las personas adultas tenderán a mantener la orientación centrada en situaciones, problemas, decisiones y mejoras, y esto es algo que el tutor de Juana no está teniendo en cuenta.

Por lo tanto, el tutor de Juana debe centrarse en desarrollar en el alumnado las habilidades necesarias para aplicar a diferentes situaciones o problemas cotidianos. Para ello, debe dar a Juana y al alumnado en general una visión global de lo que va a tratarse en el curso, y en este caso concreto de Juana dejarle claro que se verán otras herramientas para la comunicación, en la que podrá ver y oír a sus hijos, pero que será de forma secuencial, y lo primero es conocer una herramienta esencial en Internet como es el *e-mail*, ya que muchas de las cuestiones que se tratan con el mismo, como adjuntar archivos, forma de escribir, etc., serán aplicables a otras herramientas.

Además, debe orientarlo todo a aspectos muy prácticos, teniendo en cuenta las prisas por aprender y aplicar los conocimientos del alumnado adulto.

Actividad 2

Va a comenzar un curso sobre "Cómo realizar una presentación efectiva", dirigido a trabajadores en activo del sector comercial.

Antes de comenzar, el docente necesita saber el nivel que tiene el alumnado y cuáles son sus características. Para ello debe:

a. Realizar un análisis DAFO para identificar sus intereses y conocimientos de partida.
b. Realizar un cuestionario inicial al alumnado para identificar sus intereses y conocimientos de partida.
c. Realizar un análisis, pero solo de los aspectos internos, fortalezas y debilidades.
d. Realizar un análisis, pero solo de los aspectos externos, oportunidades y amenazas.
e. No es necesario conocer al alumnado antes de comenzar, lo hará durante el desarrollo de la acción formativa, y como es un proceso abierto, podrá introducir cambios si es necesario.

SOLUCIÓN

El docente debe realizar un cuestionario previo al alumnado antes del comienzo del curso. De este modo podrá:

- Saber de qué conocimientos se parte. Experiencia en la realización de presentaciones, programas que conocen, nivel de uso, etc.
- Conocer sus intereses y motivaciones, de forma que pueda plantear las actividades y acciones a llevar a cabo en el curso en ese sentido.

A partir de estos datos, podrá conocer las necesidades de formación del alumnado, y orientar la acción formativa al desarrollo de habilidades para cubrir esas necesidades de forma práctica, en el ámbito laboral concreto.

Actividad 3

Daniel durante el desarrollo de su clase realiza unas exposiciones muy largas y monótonas, en las que no incluye variedad de estímulos, visuales o auditivos.

Tras las mismas, hace un descanso, para después proponer la realización de un ejercicio práctico que el alumnado debe realizar durante el resto de tiempo de clase y entregárselo para su corrección.

¿Qué condicionantes está favoreciendo o limitando el proceso de enseñanza-aprendizaje? ¿Qué rol está desempeñando en ese caso Daniel?

Selecciona las opciones que consideres correctas.

a. Daniel está favoreciendo la memorización, mediante las exposiciones largas, y está representando un rol de orientador en ellas.
b. Daniel está favoreciendo, en parte, la atención y la memoria mediante los descansos, y representa un rol de experto en contenido.
c. Daniel está limitando la atención del alumnado, ya que corta la clase con el descanso. Su rol es de organizador.
d. Daniel está limitando la memoria del alumnado, ya que corta la clase con el descanso y para la práctica no tendrá tan reciente la información. Su rol es de organizador.
e. Daniel está limitando la percepción del alumnado, ya que no incluye variedad de metodologías, actividades y estímulos.

SOLUCIÓN

El rol que Daniel está representando es como experto en contenido, ya que sus clases fundamentalmente se centran en la transmisión de información de forma expositiva.

Aunque incluye una actividad práctica, no se trabaja de forma grupal ni se interactúa sobre ella en ningún momento, simplemente hacen la actividad y el docente la corrige.

Además, no incluye variedad en las clases de ningún tipo, ni de métodos, actividades o prácticas, recursos audiovisuales, etc. Todo esto limita la percepción, memoria y atención del alumnado.

Aunque incluye descansos, que pueden condicionar de forma positiva esos factores, esa sola acción en ese sentido no es suficiente, de modo que los factores a destacar principalmente son limitadores del proceso.

Actividad 4

Antonio trabaja en un concesionario y está realizando un curso de "Inglés, atención al cliente". Su tutor propone una actividad en la que, para practicar la expresión oral, deben simular en el aula, en parejas, una situación de atención al cliente en un restaurante.

Antonio y su compañero en la actividad, que trabaja en una tienda de venta de telefonía, no se sienten motivados ante esta actividad, por lo que no le dedican el tiempo suficiente a su realización, y la hacen de forma rápida e incorrecta. ¿Qué error ha cometido el docente para llegar a esta situación de desinterés por parte del alumnado?

a. No debe plantear prácticas grupales de forma obligatoria, ese ha sido su error, pues si el alumnado se ve obligado a intervenir sin dominar la materia se verá cohibido y perderá el interés.

b. Su error ha sido no dar retroalimentación al grupo, por lo que no saben si están llevando a cabo la tarea de forma correcta o no.

c. El error cometido es que no ha tenido en cuenta la realidad laboral del alumnado, de modo que no se sienten identificados con la situación.

d. Basarse solo en la práctica es un error, es importante tener una base de vocabulario para realizarla.

e. El error cometido es que no ha considerado la actividad como evaluable, de ser así y tener supervisión por su parte se hubiesen esforzado más.

SOLUCIÓN

El error cometido el docente es no planificar sus actividades adecuadamente, de acuerdo a la realidad diaria del alumnado.

La actividad está bien diseñada para que practiquen, pero deberían haberse formado las parejas según las similitudes en el puesto de trabajo, y realizar la simulación conforme a la temática de interés, a la que se dedican, e incluso realizarla dos veces para la situación personal de cada uno de los componentes de la pareja.

En cualquier caso, lo importante es que se conecte la acción con la realidad laboral, de forma que el alumnado la vea útil y se potencie el grado de compromiso con la tarea a realizar.

Actividad 5

Durante el desarrollo de una clase presencial, el proceso de comunicación entre los participantes se desarrolla de este modo:

a. El docente explica un concepto al alumnado.
b. Un alumno pregunta al docente por un caso concreto que tiene lugar en la realidad, ya que no consigue visualizar lo que les está explicando.
c. El docente pone un ejemplo.
d. El alumno manifiesta que ya lo ha comprendido, y pone otro ejemplo en el que se aplica ese concepto.
e. El docente confirma que así es, que el ejemplo es correcto y lo ha entendido perfectamente.

Identifica los componentes que intervienen en este proceso de comunicación.

Selecciona las opciones que consideres correctas.

a. El emisor es el docente.
b. El emisor es el alumnado y el mensaje la información transmitida sobre la materia, de forma bidireccional.
c. El docente es el receptor.
d. El alumnado es el receptor.
e. El mensaje transmitido de forma implícita por el alumno es que la explicación del profesor no es buena.

SOLUCIÓN

El mensaje transmitido dentro del contexto en el que se encuentran (aula de clase, durante el desarrollo de la acción formativa), es la información transmitida sobre la materia.

Esta información se está transmitiendo de forma bidireccional, por lo que tanto docente como alumnado hacen de emisor y receptor en diferentes momentos del proceso.

Actividad 6

Visualiza el siguiente vídeo en el que se observan diferentes manifestaciones de la comunicación verbal, no verbal y paraverbal:

https://redirectoronline.com/uf16450108

¿Qué técnicas de las que se utilizan son incorrectas en una buena comunicación?

a. El docente es el emisor de la información, que la transmite mediante un discurso largo para que esté completa y el alumnado la recuerde más fácilmente.
b. El docente está situado en un lugar fijo del aula.
c. El alumnado interrumpe al docente para dar su opinión o hacer consultas.
d. El docente mantiene una entonación estable en el discurso.
e. El docente lanza preguntas al alumnado para obtener retroalimentación por su parte.

SOLUCIÓN

La actuación docente no permite que haya un proceso de comunicación eficaz, ya que comete los siguientes errores respecto a los diferentes tipos de comunicación:

- Verbal: utiliza discursos largos y redundantes, no manteniendo un proceso de *feedback*.
- No verbal: la postura corporal no es adecuada, permanece sentado, en un lugar fijo.
- Paraverbal: la entonación del docente, sin cambios rítmicos, no aporta sentido a la información ni destaca los puntos clave de la información a transmitir.

Que el docente haga preguntas al alumnado para obtener retroalimentación por su parte es totalmente correcto, pero en este caso no hay coherencia entre el lenguaje verbal y el resto de manifestaciones, ya que su rapidez por continuar y lenguaje no verbal, demuestran que realmente no espera esa retroalimentación, por lo que el alumnado no se siente motivado a darla.

Así, el alumnado responde de la misma manera en que el docente está actuando, con una actitud pasiva, sin interactuar, y dando lugar a una mala comunicación.

Principalmente se observa en los aspectos no verbales: postura, mirada, manos.

Actividad 7

En un curso de "Elaboración de artículos y accesorios artesanales" en modalidad virtual, hay un grupo de alumnos interesados en trabajar especialmente el cuero, pero saben que en el curso deben verse más materiales, no solo ese, así que deciden ampliar por su cuenta la formación en técnicas y práctica con las mismas, para lo que piden orientación al docente sobre cómo organizarse, ¿qué espacios de comunicación debería proponer el docente al alumnado para conseguir sus objetivos?

Selecciona las opciones que consideres correctas.

a. Crear un foro en el aula virtual en el que el alumnado pueda compartir las técnicas que vayan aprendiendo y comentar sobre las mismas.

b. Crear un espacio en alguna red social, que les permita estar en contacto y compartir información una vez finalizado el curso.

c. Lo más adecuado es el aula, así que el docente dejará que cuando no les interese otra técnica con otros materiales se dediquen al cuero parte del horario de clase.

d. Para realizar la práctica con esas técnicas, el docente solicitará el uso de esa aula u otra del centro, para que el alumnado pueda reunirse por su cuenta cuando ellos decidan.

e. El docente debe proponer al alumnado que esperen a que se trate en el contenido del curso el tema del cuero, y entonces, usar los espacios que se creen en ese momento.

SOLUCIÓN

El docente debe impartir los contenidos que se han contemplado para el curso, por lo que no puede, teniendo en cuenta al resto del alumnado, dejarlos de lado y ampliar la dedicación al cuero.

Ya que el alumnado se muestra tan interesado, el docente debe aprovechar esa motivación y animarles a que continúen su dedicación en espacios más informales, como son las redes sociales, así la actividad podrá tener continuidad una vez finalizado el curso.

Además, durante el desarrollo del mismo puede ayudarles habilitando un foro en la plataforma de formación en el que puedan interactuar y, si existe la posibilidad, solicitando al centro el uso de un aula para que se reúnan y puedan desarrollar esta labor fuera del horario del curso en cuestión.

Actividad 8

Pablo está realizando un curso en modalidad virtual, su tutor le ha dicho varias veces que debe participar en los foros, pero es que no sabe cómo hacerlo, tan solo es capaz de manifestar el acuerdo cuando sus compañeros ya han participado. Por fin, le dice esto a su tutor, que su miedo a la participación se ha trasladado del aula presencial al aula virtual, y no sabe cómo evitarlo, ¡y él creía que aquí iba a ser más fácil! ¿De qué forma podrá el tutor desarrollar las actitudes y habilidades comunicativas que Pablo necesita?

Selecciona las opciones que consideres correctas.

    a. Le dirá a Pablo que participar es obligatorio, y que no importa el contenido del mensaje, simplemente debe intervenir.

    b. Aplicará con Pablo la motivación por consecuencias, es decir, si no participas va a bajar mucho tu nota, dado que es obligatorio.

    c. Propondrá alguna actividad concreta en la que Pablo se sienta seguro y muy cómodo con la temática, de forma que le sea más fácil intervenir.

    d. Propondrá una actividad colaborativa, organizada en grupos, en la que la primera parte de la misma, se asignará a cada miembro una cuestión concreta, de modo que Pablo se enfrente solo a esa parte, como si se tratara de una actividad individual.

    e. Debe motivar a Pablo, ayudándole y orientándole en sus intervenciones, pero sin presionarlo.

SOLUCIÓN

El tutor de Pablo debe hacer todo lo posible para que este participe, pero animándolo a ello sin presionarlo ni que se sienta obligado a ello, ya que se trata de que participe, pero no de cualquier forma, sino de forma adecuada y positiva para su aprendizaje.

Para ello, además de guiar y orientar a Pablo sobre la forma de intervenir el docente puede plantear una actividad colaborativa organizada en dos partes. En la primera, cada participante debe abordar una cuestión específica dirigida a él. Esto le posibilitará a Pablo trabajar la cuestión como si fuese una actividad individual a entregar. A continuación, deberán proceder a compartir la información, agrupar las diferentes partes y negociar sobre la síntesis final.

Además, si se plantea un tema que Pablo domine y con el que se sienta cómodo, será más fácil para él intervenir.

De este modo, el docente debe ir consiguiendo poco a poco, que participe y desarrolle habilidades para el desarrollo de una comunicación eficaz.

Actividad 9

Andrés trabaja en el departamento de ventas de una empresa en la que cada uno sigue sus propios criterios y métodos, no tienen un protocolo de actuación común. En un intento por mejorar las ventas, encargan a Luisa, que obtiene muy buenos resultados, que dé una charla a sus compañeros sobre la forma de actuar, para que el resto de personas aprendan y apliquen sus métodos.

Pero tras la misma, los resultados no mejoran, y es que con solo una charla no es suficiente. Para ello, es necesario formar una verdadera comunidad de aprendizaje, en la que todos participen y colaboren para la mejora de los resultados. ¿Qué características debe tener este grupo para conseguirlo?

Selecciona las opciones que consideres correctas.

   a. Debe existir una predisposición a la cooperación por parte de los componentes del grupo.
   b. Debe existir una predisposición a la competitividad por parte de los componentes del grupo, para motivarse superando las cifras de venta del resto del equipo.
   c. Deben seguirse las indicaciones de Luisa, que actuará como líder del grupo, dados sus resultados.
   d. Los participantes deben conocerse e interrelacionarse entre sí, existiendo redes de comunicaciones fluidas y flexibles.
   e. Ante cualquier problema, la solución debe proponerla la persona responsable, que en este caso será Luisa.

SOLUCIÓN

Para conseguir los resultados deseados debe haber predisposición por parte de los integrantes del grupo de trabajar de forma cooperativa, conociéndose e interrelacionándose entre sí, mediante redes de comunicaciones fluidas y flexibles.

Además, todos los miembros deben perseguir un objetivo común, corresponsabilizándose del proceso de aprendizaje. En los resultados del equipo, serán evidentes tanto la responsabilidad individual como la del equipo.

El liderazgo será una responsabilidad compartida, llevándose a cabo discusiones abiertas para la solución activa de problemas, y cuyo resultado o beneficio es tanto del equipo como de los propios individuos, a los que se reconocen y celebran los esfuerzos individuales que contribuyen al éxito del equipo.

Actividad 10

En un curso impartido por una empresa privada de formación, sobre "Escritura creativa", están abordando la poesía, pero los participantes del mismo manifiestan de forma unánime que no les interesa en absoluto, que se han apuntado al curso por unas razones, entre las cuales no está la poesía, ¿qué hará el docente en este caso?

Selecciona las opciones que consideres correctas.

a. Dejar el temario tal y como está, ya que la planificación del curso es algo cerrado y no puede cambiarse según los intereses de los participantes.
b. Continuar con otra parte del curso, ante el consenso de todo el grupo.
c. Dar el material sobre la poesía al alumnado, aunque no lo vean en clase, por si en algún momento deciden ampliar sus intereses en ese sentido.
d. Dar solo la parte teórica en relación a la poesía, y dejar la práctica de lado, ya que no les interesa.
e. Dar solo la parte práctica en relación a la poesía, y dejar la teoría de lado, ya que es más aburrida.

SOLUCIÓN

El docente debe organizar los contenidos y recursos didácticos adaptándolos a las características y preferencias del grupo, llegando al consenso con ellos en las decisiones que afecten a su formación.

Dado que se trata de un curso privado, y por lo tanto, no hay exigencias de temario por parte de ningún organismo público que pudiera estar implicado en su puesta en marcha, el docente podrá continuar con otra parte del curso, ante el consenso de todo el grupo.

Aun así, puede dar el material sobre la poesía al alumnado, aunque no lo vean en clase, por si en algún momento deciden ampliar sus intereses en ese sentido.

Actividad 11

Juan se encuentra impartiendo clase presencial con un grupo de jóvenes sobre la *instalación de muebles modulares en carpintería.* Antes de nada pretende conocer cuáles son las ideas previas que el grupo tiene sobre qué es un mueble modular, ¿qué técnica de grupo consideras que es la más apropiada para que el alumnado facilite respuestas sobre sus conocimientos?

> a. **Análisis de casos.**
> b. **Phillips 66.**
> c. **Seminario.**
> d. ***Brainstorming.***
> e. **Mesa redonda.**

SOLUCIÓN

La técnica más apropiada para este caso es la lluvia de ideas o *brainstorming,* ya que es una técnica que incita al grupo a generar diferentes ideas originales sobre un tema determinado; en principio toda idea es válida, ninguna es rechazada.

Así, con esta técnica, el alumnado podrá expresarse libremente, sin miedo al ridículo, a la vez que el docente puede hacerse una idea de los conocimientos e ideas previas de las que parten.

Actividad 12

En un curso en modalidad presencial, el docente intenta que todo el alumnado participe y se integre en el grupo mediante la realización de dinámicas, y en caso de que algún alumno no lo haga, hace todo lo posible para que se integre, facilitando esta participación, pero a su vez, sin que se sienta presionado para hacerlo.

De este modo, está desempeñando una de las tareas más importantes dentro de su función de coordinación y moderación del grupo, como es "Facilitar la participación activa del alumnado". Pero además de esta, ¿qué otras tareas debe realizar en el desempeño de esas funciones?

Selecciona las opciones que consideres correctas.

  a. Comprobar la implicación del alumnado en el curso.
  b. Verificar que se están consiguiendo los objetivos planteados.
  c. Asegurarse de que el grupo esté captando todos los contenidos.
  d. Ayudar a resolver conflictos.
  e. Imponer su autoridad para evitar que el alumnado se desvíe de los objetivos planteados.

SOLUCIÓN

El docente como coordinador y moderador del aprendizaje deberá desarrollar en el grupo una sensibilización hacia el trabajo grupal, consiguiendo que el alumnado sea el centro y artífice del proceso de enseñanza-aprendizaje, siempre en colaboración con el resto de participantes, y su labor será la de supervisará el proceso, guiando y orientando al alumnado.

Las tareas que llevará a cabo mediante la coordinación y moderación del grupo serán las siguientes:

• Comprobar la implicación del alumnado en el curso.
• Verificar que se están consiguiendo los objetivos planteados.
• Asegurarse de que el grupo esté captando todos los contenidos.
• Ayudar a resolver conflictos.
• Facilitar la participación activa del alumnado.

Actividad 13

Patricia es docente de formación presencial en un centro de educación de adultos, cuyos alumnos son todos mayores de 45 años y desempleados, de ambos sexos.

En el aula de clase han incorporado el uso de ordenadores al desarrollo de las mismas, de este modo consiguen también que estas personas, con escasos conocimientos informáticos, adquieran unas habilidades informáticas básicas.

Al no contar con ordenadores suficientes para todo el mundo tienen que compartirlo entre dos o tres personas, y recientemente, en clase se ha producido un conflicto, en uno de los grupos formados para compartir el ordenador dos de los integrantes: Luisa y Jorge, se quejan de que Carmen acapara su uso todo el tiempo. ¿Qué puede hacer Patricia en este caso?

Selecciona la opción que consideres correcta.

- a. Debe dejar que el grupo resuelva sus problemas.
- b. Debe actuar como mediadora, dando su opinión y la razón a una de las partes.
- c. Debe actuar como mediadora, elaborando un cronograma para el uso del ordenador.
- d. Debe disolver el grupo para evitar más conflictos, y en consecuencia, reestructurar todos los grupos o parte de ellos.
- e. Debe actuar como mediadora, facilitando el diálogo y los acuerdos entre las partes.

SOLUCIÓN

Patricia debe actuar como mediadora, favoreciendo la búsqueda de soluciones a posibles incidencias y conflictos que surjan en el grupo.

Como tal, no debe juzgar, sancionar, tomar decisiones, aconsejar, ni dar soluciones, simplemente debe facilitar el diálogo y los acuerdos entre las partes implicadas en el conflicto, siendo ellos mismos los que lleguen a encontrar una solución adecuada y satisfactoria para todos.

Actividad 14

Pedro se encuentra impartiendo una acción formativa presencial sobre ganadería. Para la sesión que está desarrollando, ha querido darle un carácter muy práctico, por lo que al llegar a clase ha propuesto directamente las actividades al alumnado.

Durante la sesión, el alumnado se distrae y no puede realizar correctamente los ejercicios, pues no comprende los fines u objetivos de los mismos, ¿qué técnica recomendarías usar a Pedro para preparar y motivar al alumnado para recibir los contenidos, mejorando así la sesión?

Selecciona las opciones que consideres correctas.

   a. Control de la compresión.
   b. Recapitulación.
   c. Sensibilización como técnica introductoria.
   d. Uso del silencio.
   e. Temporalización.

SOLUCIÓN

Pedro debería usar la técnica de la sensibilización en la introducción de los contenidos, planteando los objetivos y las actividades con claridad. Además, debería usar también la recapitulación, donde a modo de resumen en cada clase puede aclarar los contenidos que se han trabajado, de este modo favorece la integración de los conocimientos y evita que el alumnado se despiste o distraiga, manteniendo durante más tiempo la atención centrada en las actividades de aprendizaje.

Actividad 15

Para la capacidad "Ejecutar las operaciones de ensamblaje y unión de tuberías siguiendo las instrucciones de instalación" en modalidad presencial, ¿qué estrategias, recursos, medios o materiales, de los mostrados a continuación, son los más adecuados como apoyo para su adquisición?

Selecciona la opción que consideres correcta.

a. Pondría ejemplos sobre cómo se hace el ensamblaje mediante diapositivas, fotografías, etc.
b. Realizaría demostraciones en el aula sobre la forma de realizar todos los pasos necesarios para ello, y posteriormente, se realizaría una práctica por parte del alumnado, en la que deberían realizar las acciones oportunas según las instrucciones dadas.
c. Repartiría, de forma impresa, el texto con la explicación de los pasos que hay que dar.
d. Utilizaría la pizarra para explicar los pasos que hay que seguir en el ensamblaje.
e. Repartiría, de forma impresa, el texto con la explicación de los pasos que hay que dar, así como las instrucciones para realizar una práctica en el aula por parte del alumnado.

SOLUCIÓN

Dado el carácter procedimental, en este caso lo mejor sería "aprender haciendo". Por tanto, lo que más ayudaría en este caso a la adquisición de la capacidad sería la realización de una demostración en el aula sobre la forma de realizar todos los pasos necesarios para ello, ya que viendo cómo se realiza el proceso se aprende mejor que mediante la lectura de sus pasos. Además, como es un aspecto muy práctico, el alumnado debería realizar una práctica en la que deba llevar a cabo el proceso, desarrollando así las habilidades necesarias para su realización.

Tutorización de acciones formativas para el empleo

Ejercicios de autoevaluación
Unidad de Aprendizaje 1

1. **Relaciona las siguientes definiciones con el término que le corresponda:**

   a. Modalidad de formación caracterizada por un estilo tradicional que se ha realizado desde el comienzo de los tiempos y que aún se sigue realizando.
   b. Formación basada en un proceso de enseñanza o aprendizaje electrónico mediante la utilización de internet unida a recursos pedagógicos.
   c. Modalidad de formación que favorece el desarrollo de dos tipos de educación: virtual y presencial.

   a. Educación presencial
   c. Educación semipresencial
   b. Educación virtual *(online)*

2. **Ordena los pasos a seguir por el tutor de un grupo de alumnos en el desarrollo de una clase presencial.**

   2. Contenidos
   4. Recursos didácticos
   7. Evaluación
   3. Actividades
   6. Temporalización
   1. Objetivos
   5. Metodología

3. **Completa las siguientes oraciones con los siguientes términos: comunicación asíncrona, formación virtual y comunicación síncrona.**

   La **formación virtual** es el sistema a través del cual se imparte la formación a distancia mediante elementos de **comunicación sincrónica** que permiten que el proceso informativo se lleve a cabo a través de charlas, teleconferencias, etc.; o bien mediante elementos de **comunicación** que permiten que el proceso informativo sea realizado a través de foros o *e-mail.*

4. Encuentra los errores de las siguientes definiciones:

La tutoría es el proceso de orientación llevado a cabo por **el director** del centro, así como por los profesores del alumno, con el objetivo de conseguir la no formación integral del alumnado en sus aspectos afectivos, sociales, cognitivos, etc.

La orientación es el proceso educativo que se realiza en un **periodo corto** de la vida del alumno, ya sea por parte del tutor, profesor, padre, amigos, etc., dependiendo del contexto donde se encuentre en ese momento la persona, cuya finalidad es que la persona desarrolle **un único tipo** de habilidad, capacidad y actitud para su futuro profesional.

5. La principal función que debe cumplir todo orientador en el proceso de Formación Profesional es:

    a. Contribuir en la búsqueda de la ocupación más acorde con el alumno, garantizando un puesto de trabajo o reciclaje de los conocimientos.

    b. Contribuir en la mejora de la cualificación profesional de los alumnos, permitiendo su incorporación en el mercado laboral o desarrollo de su aprendizaje en su ocupación.

    c. Contribuir en el progreso formativo del alumno mediante el reciclaje de sus conocimientos.

    d. Todas las opciones son incorrectas.

6. De las siguientes frases, indica cuál es verdadera o falsa.

    a. El estilo de aprendizaje teórico está basado en la racionalidad, analizando exhaustivamente todo el proceso y finalizando con la realización de una síntesis.

        ■ **Verdadero**
        ■ Falso

    b. El estilo de aprendizaje pragmático se caracteriza por favorecer el desarrollo de una actitud humilde, observadora y analista.

        ■ Verdadero
        ■ **Falso**

c. El estilo de aprendizaje activo está basado en la experiencia y el descubrimiento.

■ **Verdadero**
■ Falso

7. **Enumera las principales estrategias llevadas a cabo por el tutor en el proceso de orientación.**

Mercado de trabajo, intermediarios en el mercado de trabajo, factores de ocupabilidad, nuevos yacimientos de empleo y fuentes para la orientación profesional.

8. **¿Cuál de las siguientes características metodológicas no pertenecen al seguimiento realizado por el tutor hacia el alumno?**

a. Participativo
b. Coordinado
c. Continuo
d. **Exigente**
e. Planificado
f. Efectivo
g. Formativo
h. **Administrativo**

9. **Las habilidades y las funciones a desarrollar por el tutor son dos aspectos imprescindibles en toda acción tutorial. Separa correctamente las habilidades de las funciones del tutor.**

• Ayuda al alumno.
• Variación de estímulos.
• Uso del silencio.
• Indicaciones verbales.
• Sensibilización.
• Orientación.
• Control de la comprensión.
• Refuerzo.
• Castigo.
• Planificación de la formación.
• Fomentar la integración y la interacción en el grupo.
• Secuencialidad.
• Recapitulaciones e integraciones de conocimientos.

- Motivación.
- Conducción del aprendizaje.

HABILIDADES	FUNCIONES
- Variación de estímulos. - Uso del silencio o indicaciones verbales. - Sensibilización. - Control de la comprensión. - Secuencialidad. - Refuerzo. - Recapitulaciones e integraciones de conocimientos.	- Ayuda al alumno. - Orientación. - Planificación de la formación. - Fomentar la integración y la interacción en el grupo. - Motivación. - Conducción del aprendizaje.

10. El tutor activo tiene como principales funciones...

a. ... seguimiento del alumnado, evaluación, control del alumnado y experto.

b. ... seguimiento del alumnado, control del alumnado, asesoramiento y orientación.

c. ... seguimiento del alumnado, evaluación, control del alumnado y motivación.

d. Todas las opciones son incorrectas.

11. Define las siguientes palabras y explica la característica principal que las relaciona: formación, modalidades de formación, tutoría y orientación.

- Formación: adquisición por parte del alumno de unos determinados conocimientos y habilidades, en el contexto donde se ubique, para obtener como finalidad el progreso académico, la inserción laboral y su promoción en él, así como el reciclaje de los conocimientos de una persona que se encuentra activa laboralmente.
- Modalidades de formación: mecanismo o medio empleado para la consecución de la formación.
- Tutoría: orientación llevada a cabo por el tutor del alumno, así como por sus profesores, con el objetivo de conseguir una formación integral del alumno en todos los aspectos de su vida (afectivo, social, cognitivo, etc.).
- Orientación: proceso educativo que se realiza a lo largo de toda la vida, ya sea por parte del profesor, tutor, padres, amigos, compañeros, etc., dependiendo del contexto donde se

encuentre en ese momento la persona, cuya finalidad es dotar a dicha persona de determinadas capacidades, actitudes, conocimientos y experiencias, posibilitando con ello su toma de decisiones sobre su futuro de forma autónoma.

Todas ellas tienen en común una característica muy relevante: influyen decisivamente en el proceso de tutoría del profesor con el alumno.

Ejercicios de autoevaluación
Unidad de Aprendizaje 2

1. **El Real Decreto 659/2023, de 18 de julio, regula las ocho modalidades de Formación Profesional. ¿Cuál de las siguientes no es una de ellas?**

    a. Formación presencial, virtual y modular.
    b. **Modalidad para personas inmigrantes sin papeles.**
    c. Modalidad dirigida a personas con especiales dificultades formativas o de inserción laboral.
    d. Programas formativos en empresa u organismo equiparado.

2. **Ordena los pasos a seguir en la temporalización de un proyecto formativo.**

    2. Presentación del curso y desarrollo de la formación.
    1. Fase inicial o de preparación.
    3. Actividad del docente y seguimiento.
    4. Fase final de la acción formativa.

3. **Completa la oración que se muestra a continuación.**

    Entre las iniciativas de formación se encuentra la formación en **alternancia** con el empleo, que persigue la **integración** del empleo y la formación simultáneamente. En ella se incluye la popular formación **semipresencial.**

4. **De las siguientes afirmaciones, indica cuál es verdadera o falsa.**

    a. En la formación programada por las empresas pueden participar trabajadores fijos discontinuos en periodos de no ocupación.

        ▪ **Verdadero**
        ▪ Falso

b. Los cuidadores no profesionales que se hagan cargo de personas dependientes participarán en las acciones de formación profesional.

- ■ Verdadero
- ■ **Falso**

c. La formación ofrecida por otros programas formativos incluye a personas del régimen agrario que quieran obtener una acreditación o certificado profesional relacionado con su rama laboral.

- ■ **Verdadero**
- ■ Falso

d. La oferta formativa dirigida a personas en situación de privación de libertad está dirigida a su vez a jóvenes menores de 30 años en desempleo.

- ■ Verdadero
- ■ **Falso**

e. La modalidad destinada al personal militar tiene como finalidad la máxima cualificación alcanzada en el ejército, la de Oficiales Generales.

- ■ Verdadero
- ■ **Falso**

5. ¿Cuáles son los requisitos que se establecen para que una persona pueda realizar un curso de formación profesional? Explícalos.

a. Estar en posesión del título de Graduado en Educación Secundaria Obligatoria para el nivel 2 o título de Bachiller para nivel 3.
b. Estar en posesión de un certificado profesional del mismo nivel del módulo o módulos formativos y/o del certificado profesional al que desea acceder.
c. Estar en posesión de un certificado profesional de nivel 1 de la misma familia y área profesional para el nivel 2 o de un certificado profesional de nivel 2 de la misma familia y área profesional para el nivel 3.

d. Cumplir el requisito académico de acceso a los ciclos formativos de grado medio para el nivel 2 o de grado superior para el nivel 3, o bien haber superado las correspondientes pruebas de acceso reguladas por las administraciones educativas.
e. Tener superada la prueba de acceso a la universidad para mayores de 25 años y/o de 45 años.
f. Tener las competencias clave necesarias, de acuerdo con lo recogido en el anexo IV de este real decreto, para cursar con aprovechamiento la formación correspondiente al certificado profesional.

6. Relaciona cada una de las fases de elaboración del proyecto formativo con su periodo temporal:

a. Creación de una base documental.
b. Ubicación temporal del curso.
c. Información de la normativa.
d. Seguimiento administrativo.
e. Relación de tareas.
f. Informes del profesorado.

a. y e. Fase inicial o de preparación.
b. y c. Presentación del curso y desarrollo de la formación.
d. Actividad del docente y seguimiento.
f. Fase final.

7. Define qué son los cronogramas y explica cómo se elaboran.

Un cronograma es un esquema o lista donde se distribuye temporalmente y de forma sencilla el conjunto de elementos que participan en el curso formativo, siguiendo un orden lógico desde principio a fin.

Los pasos a seguir en la construcción de un cronograma son:

1. Creación de dos ejes (horizontal y vertical).
2. Sobre el eje vertical, nombrar cada una de las acciones formativas o actividades desarrolladas por el tutor del curso.
3. Dibujar los bloques correspondientes a las acciones o las actividades propias del curso que se han establecido en el eje vertical.

4. Representar, mediante un pequeño cuadro situado en la parte derecha del diagrama, la leyenda del cronograma, en la que se especificarán los colores utilizados para representar las acciones formativas.

8. Indica los parámetros que no pertenecen al desarrollo de un plan de actuación individualizado.

   a. Edad del alumnado.
   b. Familiares.
   c. Nivel formativo.
   d. Nivel informático.
   e. Características del entorno.
   f. Fuentes de información.
   g. Nivel de idiomas.
   h. Actividades a desarrollar.
   i. Priorización de necesidades educativas derivadas de la realización del curso de Formación Profesional.
   j. Desarrollo de estrategias para llevar a cabo con éxito las actividades formativas.

9. Define los términos enumerados a continuación y explica qué tienen en común: objetivos, contenidos, metodología, recursos materiales y criterios de evaluación.

- **Objetivos:** su principal finalidad consiste en describir los resultados que se esperan obtener con la puesta en práctica de las actividades desarrolladas en el plan de actuación individualizado, entre los cuales destacan: adaptación del alumnado en el contexto, adquisición y desarrollo de una labor profesional, autonomía por parte del alumnado, etc.
- **Contenidos:** conocimientos que deben ser adquiridos por el alumnado mediante la realización de diversas actividades adaptadas a sus necesidades educativas.

Dichas necesidades pueden ser:

- · **Técnicas:** utilización de los nuevos recursos tecnológicos, como por ejemplo los ordenadores con conexión a internet.
- · **Didácticas:** adquisición de un conjunto de conocimientos, destrezas y actitudes aplicables posteriormente al puesto de trabajo que ser va a desempeñar.

- **Metodología:** es la forma en que se van a trabajar tanto el contenido como los aspectos implicados en su aprendizaje y asimilación.

  Sin embargo, no siempre y no a todos los estudiantes les viene bien un método concreto, lo que requiere que se incluyan algunas modificaciones. Es ahí donde juega un papel importante el PAI.

  Por este motivo, la metodología es uno de los aspectos curriculares que más modificaciones sufre cuando se trata de atender individualmente las necesidades de un alumno.

  Entre los cambios más habituales se encuentran las adaptaciones temporales o de contenido, la aplicación de refuerzos, la adaptación de instrumentos y herramientas, el ajuste de los criterios de evaluación a los límites del estudiante e incluso la reducción de objetivos de enseñanza.

- **Recursos materiales:** hacen referencia al conjunto de instrumentos que se van a utilizar para realizar las actividades formativas planteadas en el plan de actuación individualizada.

  En este caso, el tutor debe tener en cuenta varios aspectos: empleo adecuado de los materiales, disponibilidad, accesibilidad, comodidad y relación coste-beneficio y coste-utilidad con respecto al alumno.

- **Criterios de evaluación:** realizar una evaluación al desarrollo tutorial que ha ejercido el tutor con respecto al alumno es establecer si el alumno ha cumplido con los objetivos previstos en el plan de actuación individualizado, es decir, si estos coinciden con los objetivos que se han planteado en la acción formativa, los cuales garantizan el desarrollo profesional del alumno en la sociedad activa.

El principal factor que existe entre estos elementos es que todos ellos forman parte del diseño de un plan de actuación individualizado.

10. Un plan de acción individualizado o personal debe...

a. ... potenciar a ciertos alumnos en algunas de las fases importantes de su vida y formación.

b. ... favorecer a todos los alumnos en el desarrollo de una labor profesional futura.

c. **... potenciar a todos los alumnos en todas las fases importantes de su vida y formación.**

d. Todas las opciones son correctas.

11. Indica el orden correcto de tres de las etapas que se siguen para elaborar el Plan de Actuación Individualizado.

    a. Recogida de datos, planteamiento de objetivos y establecimiento de acciones.

    b. Detección de necesidades, recogida de datos y establecimiento de acciones.

    c. Establecimiento de objetivos, seguimiento y evaluación del plan.

    d. Planteamiento de objetivos, establecimiento de acciones y seguimiento y evaluación.

12. En esta definición de PAI: "documento utilizado en la Formación Profesional, para aunar toda la información destacada sobre un estudiante, pudiendo así detectar sus necesidades socioeducativas y atenderlas de manera integral", ¿cuál es el error?

    a. Documento utilizado en la Formación Profesional.

    b. Se utiliza para aunar toda la información destacada sobre un estudiante.

    c. Permite detectar las necesidades socioeducativas de un estudiante.

    d. Permite atender de manera integral las necesidades socioeducativas detectadas en un estudiante.

Ejercicios de autoevaluación
Unidad de Aprendizaje 3

1. **Completa la siguiente oración.**

   El Real Decreto 659/2023, de 18 de julio, por el que se desarrolla la ordenación del Sistema de Formación Profesional, establece de acuerdo a la Ley Orgánica 3/2022, de 31 de marzo, de ordenación e integración de la Formación Profesional la urgencia de transformar el enfoque de la **Formación Profesional** para satisfacer las demandas cambiantes de la sociedad a lo largo de toda la **trayectoria laboral** de los individuos, así como las exigencias del **entorno productivo,** es crucial.

2. **¿Qué carácter comunicativo tienen las aulas virtuales, si tenemos en cuenta los términos establecidos en el R. D. 659/2023?**

   a. Carácter formativo.
   b. Carácter asincrónico.
   c. **Carácter síncrono.**
   d. Carácter telemático.

3. **Ordena los pasos a seguir en la realización y la elaboración de la guía del curso de Formación Profesional, dirigida al alumnado.**

   12. Servicio de atención al usuario.
   4. Requisitos técnicos.
   7. Funcionamiento de la acción formativa.
   11. Efectos de la evaluación positiva.
   5. Objetivos.
   3. Perfil del alumnado.
   10. Sistema de evaluación del aprendizaje.
   2. Datos de la acción formativa.
   9. Plan de trabajo y orientaciones para su desarrollo.
   1. Presentación.
   6. Organización general de la acción formativa.
   8. Sistema tutorial.

4. Relaciona las tareas que debe desempeñar el tutor *online* conforme a sus responsabilidades administrativas: planificación, fomento de las relaciones interpersonales y seguimiento del alumnado.

    a. Ayudar en las dificultades que presente el alumnado.
    b. Conocer al alumnado.
    c. Fomentar la participación del alumnado.
    d. Fomentar las relaciones del alumnado mediante recursos tecnológicos.
    e. Supervisar a los alumnos que participan poco.

a y e. Seguimiento del alumnado.
    b. Planificación.
c y d. Fomento de relaciones interpersonales.

5. De las siguientes afirmaciones, indica cuál es verdadera o falsa.

    a. La evaluación inicial es la realizada al final de la acción formativa, con el objetivo de obtener información sobre el nivel educativo y los conocimientos que poseen los alumnos en relación al curso al que están inscritos.

        ■ Verdadero
        ■ **Falso**

    b. Las calificaciones son el resultado de una evaluación final por parte del tutor con respecto a los avances y los progresos establecidos por el alumnado.

        ■ Verdadero
        ■ **Falso**

    c. La evaluación procesual o formativa es aquella que se desarrolla a lo largo de todo el curso y cuya función es recoger información sobre los logros o las dificultades establecidas por el alumnado para realizar las oportunas modificaciones por parte del tutor y llevar a cabo con éxito el alumnado la acción formativa.

        ■ **Verdadero**
        ■ Falso

d. La Formación Profesional en la modalidad *online* no ha supuesto ningún replanteamiento en las funciones y los roles del tutor, que generalmente venía realizando en la formación presencial.

- ■ Verdadero
- ■ **Falso**

e. La evaluación sumativa es la evaluación realizada al principio de la acción formativa para garantizar si se han cumplido los objetivos o no por parte del alumnado.

- ■ Verdadero
- ■ **Falso**

6. ¿Cuáles son las principales funciones y tareas que el tutor debe desempeñar en su responsabilidad administrativa? Explícalas.

Las principales tareas a desempeñar por el tutor, conforme a su responsabilidad administrativa, son:

- **Relacionadas con la planificación:** proyectar y dirigir la acción formativa, conocer a los alumnos en profundidad estudiando sus fichas y la información que se les administra a los tutores, favorecer la integración en el curso del alumnado proporcionándole la información necesaria, ser previsores ante las dificultades de aprendizaje que puedan aparecer entre los alumnos y plantear soluciones e incrementar la utilización de medios de comunicación asíncronos y síncronos (chats, foros, *e-mails,* etc.) para favorecer las relaciones entre tutor-alumno y alumno-alumno.
- **Relacionadas con el fomento de las relaciones interpersonales:** el tutor debe actuar siempre motivando al alumno en la realización del curso, fomentando la participación del alumnado y la consecución de los objetivos preestablecidos. Fomentar la comunicación personal con los alumnos a través de medios telefónicos, chats, foros, etc., propiciar las relaciones entre los alumnos a través de dichos medios y estableciendo actividades comunes para que puedan discutirlas, resolver dudas, etc.

- **Relacionadas con el seguimiento del alumnado:** esta es una de las responsabilidades más importantes del tutor con el alumnado, pues debe ayudar en todo momento a superar las dificultades que presente, satisfaciendo y garantizando su futuro profesional.

7. **Define en qué consiste la evaluación y cuáles son sus principales partes.**

La evaluación es entendida como un proceso que tiene su origen en una situación de partida, la cual debe conocer y seguir en todo momento el tutor, cuya meta es la consecución de unos determinados resultados mediante el desarrollo efectivo de unos objetivos previamente establecidos. Así pues, la evaluación es un proceso continuo, lleno de parcialidades, que desembocarán en una evaluación global y final.

En cualquier proceso de aprendizaje *online,* la evaluación se caracteriza por ser desarrollada en tres fases:

- **Evaluación inicial:** realizada al principio de la acción formativa con el objetivo de obtener información sobre el nivel educativo y los conocimientos que poseen los alumnos en relación al curso al que están inscritos.
- **Evaluación procesual o formativa:** se desarrolla a lo largo de todo el curso y su función es recoger información sobre los logros o las dificultades establecidas por el alumnado para realizar las oportunas modificaciones por parte del tutor y llevar a cabo con éxito el alumnado la acción formativa.
- **Evaluación final o sumativa:** es la evaluación realizada al final de la acción formativa para garantizar si se han cumplido los objetivos o no por parte del alumnado.

8. **Define los siguientes conceptos y explica la relación existente entre ellos: actividad de aprendizaje, evaluación y calificación.**

- **Actividades de aprendizaje:** los tutores de los cursos de Formación Profesional en la modalidad *online* deben desarrollar un conjunto de tareas metodológicas basadas en el desarrollo de actividades de aprendizaje activas y participativas cuyo fin es el "aprender haciendo".

- **Evaluación:** proceso sistemático de recogida de información por la que el tutor, al examinar las actividades realizadas por el alumnado, debe determinar un juicio de valor que garantice la consecución de los objetivos establecidos previamente.
- **Calificación:** descripción simbólica o descriptiva numéricamente del resultado de la evaluación de las actividades de aprendizaje.

Una vez explicados dichos conceptos, la principal relación existente entre ellos es que pertenecen a funciones que el tutor debe desempeñar con el alumnado en el desarrollo de un curso de Formación Profesional.

9. **Identifica qué afirmaciones hacen referencia a los requisitos de las empresas formadoras, a la hora de impartir FP.**

   a. **El mínimo de horas de formación de certificados de profesionalidad, en un mes natural, es de 50 h.**
   b. Si la jornada del tutor/formador es de 40 h semanales, la ratio máxima será de 70 estudiantes.
   c. Si el tutor/formador posee una jornada menor a 40 h semanales, la ratio se ajustará proporcionalmente. Para ello, se considerará una equivalencia de 10 h semanales de trabajo por cada 30 alumnos, sin incluir las tutorías presenciales.
   d. **En caso de que la formación se lleve a cabo, en más del 50 % de su duración, mediante aula virtual, la ratio tutor-alumno será de 30 estudiantes como máximo.**

10. **¿Cuál es la función de gran relevancia del tutor, la cual debe garantizar el éxito de un curso desarrollado con la modalidad *online*?**

    a. Coordinar junto con el director de cada curso *online* la puesta en práctica del plan de acción tutorial, así como ser responsables de su ejecución.
    b. **Coordinar junto con la jefatura de estudios de cada curso *online* la puesta en práctica del plan de acción tutorial, así como ser responsables de su ejecución.**
    c. Coordinar junto con los alumnos de cada curso *online* la puesta en práctica del plan de acción tutorial, así como ser responsables de su ejecución.

11. ¿Para qué sirve la elaboración de una guía didáctica del alumnado que se ha inscrito en un curso de Formación Profesional?

Todo tutor, antes de la realización de un curso de Formación Profesional *online*, debe elaborar una guía de curso para el usuario o alumno, apoyándose en las TIC, que permitirá una mayor interrelación entre los alumnos y alumno-profesor, así como una agenda orientativa para el tutor.

En dicha guía, los alumnos podrán observar toda la información detallada del curso que van a realizar, la plataforma a la que van a acceder, los materiales de estudio así como la realización de un cronograma en el que se ubicarán temporalmente las actividades y evaluaciones que tendrán que realizar a lo largo de su desarrollo.

actividades

✎ ACTIVIDAD 1

Pedro trabaja en una fábrica del sector textil. Está empezando a ampliar su oferta y comercializando nuevas prendas, por lo que han incorporado nueva maquinaria, y tiene que aprender a utilizarla.

Para ello, se están organizando cursos de formación en la empresa, pero tendrían que realizarse tras la jornada laboral, dado el gran volumen de trabajo que tienen, pero los trabajadores no están dispuestos a quedarse más tiempo en la empresa.

¿Qué solución podría darse a esta situación? ¿Cuál sería la modalidad formativa más adecuada y por qué motivo?

a. **La única solución pasa por la modalidad presencial, ya que los costes serán menores. Además, debe aprenderse el manejo de la máquina en concreto, por lo que la empresa debe ceder y que la formación se realice en horario laboral.**

b. **La única solución pasa por la modalidad presencial, ya que debe aprenderse el manejo de la máquina en concreto, por lo que los trabajadores deben ceder y que la formación se realice tras el horario laboral.**

c. **La solución consiste en adoptar la modalidad formativa virtual, ya que permitirá realizar la formación sin tener que quedarse tras la jornada laboral ni durante la misma, además de ahorrar costes.**

d. **Debe adoptarse obligatoriamente la modalidad presencial, ya que los trabajadores no tienen las habilidades informáticas adecuadas.**

e. **Debe adoptarse la modalidad semipresencial, ya que por el contenido a tratar se necesita la parte presencial, y la parte virtual evitará, en parte, el conflicto por el tema horario, que podrán negociar los trabajadores y la empresa.**

Solución

Debe adoptarse la modalidad semipresencial por las siguientes razones:

- El contenido a tratar requiere que haya una parte procedimental, y ya disponen de la maquinaria necesaria para poder realizar sus prácticas.
- Por el conflicto horario, que se evitará en parte, ya que al ser menos las sesiones presenciales que hay que realizar, los trabajadores pueden negociar

Continúa en página siguiente >>

<< Viene de página anterior

con la empresa, de forma que se organicen las sesiones presenciales dentro del horario laboral, en pequeños grupos, lo que no influirá en la producción de la fábrica en la misma medida que si se ausenta gran parte de la plantilla. Además, realizar la parte del contenido más teórica en modalidad virtual puede suponer un ahorro en costes.

 ACTIVIDAD 2

Una alumna cuyo estilo de aprendizaje predominante es el estilo activo, va a realizar un curso de inglés.

¿Qué actividad, de las siguientes sería más adecuada para lograr su aprendizaje?

a. Juego de roles.
b. Comentario de un texto o artículo.
c. Estudio de casos.
d. Traducción de un texto.

Solución

El estilo activo está basado en la experiencia. La forma de pensar o la filosofía del alumnado consiste en probar de todo, en disfrutar del momento. Su mente es abierta, enfrentándose a los retos del día a día. Es luchador y disfruta descubriendo. Vive el presente y es animador y arriesgado.

Por eso, de la forma que mejor aprende es mediante nuevos ejercicios, creativos, sencillos y de forma simplificada, con resultado inmediato.

ACTIVIDAD 3

Una alumna de un curso en modalidad *online* de "Creación de documentos con Word" no consigue alinear una imagen de forma correcta, por lo que se pone en contacto con el tutor del curso por teléfono, pero justo en ese momento el docente se encuentra ocupado con otro grupo en una sesión de chat, por lo que le indica que se pondrá en contacto con ella para explicárselo cuando termine para solucionar sus dudas.

¿Qué herramientas de comunicación serían las más adecuadas para resolver a la alumna sus dudas?

a. Mensajería instantánea
b. Teléfono
c. *E-mail*
d. Foro de discusión
e. Videoconferencia

Solución

Las herramientas más adecuadas para resolver la duda de la alumna serían:

- El teléfono, puesto que puede ir indicándole a la alumna paso a paso las acciones a realizar y dónde se encuentran cada una de las opciones a las que tiene que darle.
- El *e-mail*, porque puede ir indicándole a la alumna paso a paso las acciones a realizar y dónde se encuentran cada una de las opciones a las que tiene que darle mediante el envío adjunto de imágenes y capturas de pantalla.

Evaluación del proceso de enseñanza-aprendizaje en formación profesional para el empleo

Ejercicios de autoevaluación
Unidad de Aprendizaje 1

1. De las siguientes frases, indica cuál es verdadera o falsa.

   a. Las fuentes de error se pueden identificar.

   - **Verdadero**
   - Falso

   b. Se puede utilizar una única técnica para la evaluación si nos resulta fiable.

   - Verdadero
   - **Falso**

   c. La planificación consiste en definir los aspectos que vamos a evaluar y los objetivos que perseguimos.

   - **Verdadero**
   - Falso

   d. La toma de decisiones es el fin último de la evaluación.

   - **Verdadero**
   - Falso

2. Completa las siguientes oraciones:

En la evaluación **normativa** se establece como referencia una norma, que va a servir para comparar los resultados obtenidos con un grupo de referencia al que se refiere la norma.

Las **pruebas estandarizadas** serían un ejemplo de este tipo de evaluación.

En la evaluación **criterial** se establece un criterio que va a servir de referente para estudiar los resultados obtenidos.

3. Ordena el proceso de planificación de la evaluación:

5. Redacción de las conclusiones.
2. Recogida sistemática de datos.
6. Toma de decisiones.
4. Valoración de la información obtenida.
1. Elaboración del plan de evaluación.
3. Análisis de los datos recogidos.

4. Une las siguientes definiciones con el término correspondiente:

a. Cuantificación de los atributos presentes en objetos o individuos.
b. Proceso a través del cual se recoge información para tomar decisiones.

b. Evaluación
a. Medición

5. Enumera los principios que harán posible que la evaluación sea efectiva:

1. Hay que determinar con claridad qué se va a evaluar.
2. Las técnicas de evaluación deben seleccionarse con la intención de que animen el proceso de evaluación.
3. Es necesario utilizar una gran variedad de técnicas.
4. Es preciso conocer las limitaciones de las técnicas utilizadas.
5. La evaluación persigue un fin, pero no es un fin en sí misma.
6. La evaluación no tiene que basarse exclusivamente en pruebas objetivas.
7. No se evalúa para castigar o recompensar, sino para averiguar los resultados obtenidos.
8. Toda evaluación exige una comparación.

6. Relaciona los siguientes elementos:

a. ¿Para qué evaluar?
b. ¿Qué evaluar?
c. ¿Cómo evaluar?
d. ¿Cuándo evaluar?
e. ¿Quiénes deben evaluar?

c. Métodos, técnicas e instrumentos.
a. Objetivos.
e. Personas que intervienen en el proceso.
b. Contenidos.
d. Tiempo, momentos y secuencia.

7. Une las siguientes definiciones con el nombre que le corresponde.

a. Se debe encontrar una adecuada correspondencia entre lo que se quiere evaluar y lo que realmente se evalúa.
b. La evaluación no debe estar sujeta al sesgo individual de la persona que evalúa. No se debe dejar influenciar por factores externos, personales, etc.
c. Se hace referencia a la capacidad o habilidad que se demuestra para obtener un determinado resultado a partir de una acción, por lo que se deben optimizar todos los procedimientos para así poder obtener los mejores resultados.
d. La evaluación deberá atenerse a normas y procedimientos minuciosamente planificados y desarrollados, alude a la necesidad de plantear la forma de seguimiento de acuerdo a un plan que esté previamente trazado y que deberá ser llevado a cabo con rigor.
e. Los resultados obtenidos deben ser los mismos, aun siendo distinta persona la que pase el instrumento.
f. Hecho de la precisión de la medida.

e. Confiabilidad
c. Efectividad
a. Validez
f. Fiabilidad
d. Sistematicidad
b. Objetividad

8. De las siguientes oraciones, indica cuál es verdadera o falsa.

a. La evaluación continua o procesual es aquella que se realiza al comienzo del curso, para un conocimiento del marco general en el que se va a enmarcar el proyecto o tarea a realizar.

- ■ Verdadero
- ■ **Falso**

b. La evaluación final es aquella que atiende a la valoración de la totalidad del proceso desarrollado por el alumno. Permitirá conocer el grado de aprendizaje del mismo, determinando cuál es el nivel que ha logrado.

- ■ **Verdadero**
- ■ Falso

c. La evaluación inicial se realiza durante todo el proceso de aprendizaje, nos permite conocer el nivel de cada alumno y la consecución de los objetivos previstos en cada una de las fases para, si es necesario, adaptarlo y/o mejorarlo.

- ■ Verdadero
- ■ **Falso**

9. Completa las siguientes frases.

a. La evaluación **interna** es aquella que está realizada y llevada a cabo por personas integrantes del centro donde se desarrolla el proceso de **enseñanza**- aprendizaje.

b. La coevaluación se da cuando es posible desarrollar una evaluación en la que se permita a los alumnos participar en el establecimiento y valoración de sus propios **aprendizajes,** atendiendo siempre a los criterios de evaluación que fueron fijados por consenso entre ambas partes.

c. En la evaluación externa el agente evaluador **no** pertenece al propio centro o programa donde se está desarrollando el aprendizaje, sino que es una persona ajena que evalúa el trabajo realizado.

d. La **heteroevaluación** es la evaluación que realiza una persona que diseña, planifica, implementa y **aplica** la evaluación sobre otra con respecto a su trabajo, rendimiento, etc.

10. Señala la palabra más adecuada en referencia a la afirmación que se le hace.

a. La evaluación (**sumativa**) (formativa) se suele aplicar en los procesos (que acaban de empezar) (**finalizados**), con esta evaluación no se pretende modificar o mejorar, sino determinar el valor de ese producto final, si es positivo o negativo.

b. La evaluación con funcionalidad (sumativa) (**formativa**) se utiliza como estrategia de mejora, para (puntuar) (**valorar**) procesos, por lo que requiere una obtención de datos que debe ser recogida durante el proceso a evaluar. Al contrario que la función (**sumativa**) (formativa), la finalidad de esta es poder mejorar el proceso que se evalúa de cara a conseguir los objetivos previstos.

11. Une con flechas las características pertenecientes a los dos soportes documentales con evidencias de resultado que hemos tratado.

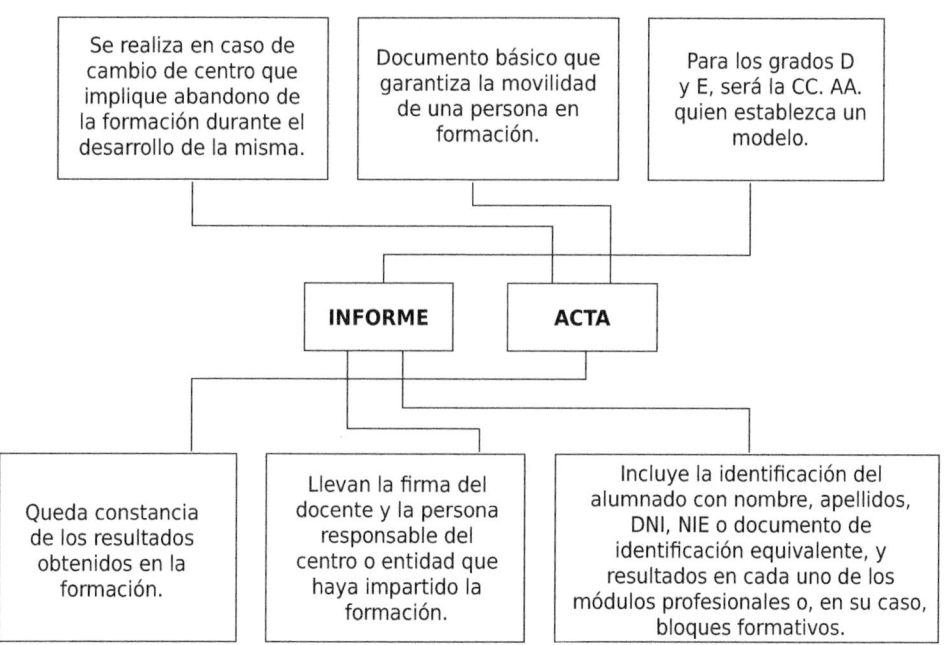

12. En relación al reconocimiento y acreditación de las competencias, ordena cronológicamente el proceso para alcanzar tal fin: evaluación, acreditación, asesoramiento.

2. Evaluación
1. Asesoramiento
3. Acreditación

13. Completa los huecos en relación a las siguientes afirmaciones:

Los fines del procedimiento para el reconocimiento y acreditación de competencias profesionales son los siguientes:

• Evaluar las competencias profesionales que se han adquirido a través de las **vías formales y no formales** de formación, mediante procedimientos y metodologías comunes que garanticen la **validez,** fiabilidad y rigor técnico de la **evaluación.**
• Acreditar oficialmente las competencias **profesionales,** favoreciendo su puesta en valor con el fin de facilitar, tanto la inserción e **integración** laboral como la progresión personal y profesional.
• Facilitar a las personas el aprendizaje a lo largo de la vida y el incremento de su **cualificación profesional,** ofreciendo de esta manera oportunidades para la obtención de una **acreditación.**

Ejercicios de autoevaluación
Unidad de Aprendizaje 2

1. Identifica los errores y corrígelos.

Las pruebas **objetivas** son instrumentos de medición elaborados con rigor para permitir evaluar conocimientos, capacidades, destrezas, etc. Se caracterizan por exigir respuestas **breves** y **concretas.**

2. Completa adecuadamente el siguiente texto.

La conocida taxonomía de Bloom (**1956**) es una clasificación de los diferentes objetivos que los educadores pueden proponer a sus alumnos, es **jerárquica,** es decir, asume que el aprendizaje a niveles superiores no puede darse si no se han adquirido otros menores **previamente.** Muestra una visión global del proceso educativo en el que encontramos tres dimensiones; **cognitiva,** afectiva y **psicomotora.**

3. Relaciona los siguientes niveles de la dimensión cognitiva de la taxonomía de Bloom con sus correspondientes descripciones.

      a. Conocimiento.
      b. Comprensión.
      c. Aplicación.
      d. Análisis.
      e. Síntesis.
      f. Evaluación.

      b. Entendimiento de la información, captación del significado e interpretación de hechos. Demostración de hechos e ideas por medio de la organización, comparación, traducción, interpretación, descripciones y formulación de ideas principales. Palabras identificadoras: predice, resume, interpreta y contrasta.
      c. Uso de conocimiento nuevo, el conocimiento de aplicación concierne a la interrelación de principios y generalizaciones con casos más particulares o prácticos. Hacer uso de la información utilizando métodos, conceptos, etc. Palabras identificadoras: demuestra, completa, experimenta y resuelve.

f. Comparación y discriminación de ideas, elección basándose en argumentos razonados. Palabras identificadoras: prueba, mide, concluye y argumenta.

a. Implica el conocimiento de materiales aprendidos por medio de términos, conceptos básicos y respuestas. Son en modo general elementos que deben memorizarse. Palabras identificadoras: define, identifica, describe y examina.

d. Examen de la información, comprensión de elementos. Análisis de elementos, relaciones y principios de organización. Palabras identificadoras: selecciona, clasifica, analiza y compara.

e. Reunión de la información de diferentes modos. Elaboración de un plan, generalización a partir de datos suministrados. Integración y combinación de ideas en un producto nuevo. Palabras identificadoras: diseña, prepara, compone y desarrolla.

4. Ordena los pasos a seguir para elaborar una tabla de especificaciones.

2. Colocar el contenido en una coordenada de una matriz y los tipos de respuesta esperada en la otra.

3. Indicar la proporción de unidades precisas para cada casilla de la matriz.

1. Describir el contenido de la materia más importante y los tipos de respuestas esperadas del alumno.

5. Respecto a las normas de elaboración de pruebas objetivas, señala si las siguientes afirmaciones son verdaderas o falsas.

a. Incluir como información previa normas concretas e instrucciones que ayuden al alumno a responder correctamente a la prueba.

- **Verdadero**
- Falso

b. Enunciar los ítems de forma clara y sencilla.

- **Verdadero**
- Falso

c. Elaborar los ítems en función de los objetivos que se pretenden evaluar.

- **Verdadero**
- Falso

d. Redactar claves reveladoras, ya sean verbales, de acción entre pregunta respuesta, gramaticales, etc.

- Verdadero
- **Falso**

e. El número de alternativas debe encontrarse entre una y siete.

- Verdadero
- **Falso**

f. Distribuir aleatoriamente la posición de la opción correcta de la respuesta.

- **Verdadero**
- Falso

6. Completa las siguientes definiciones con respecto a los tipos de ítems:

a. De selección simple: solo **una** respuesta es correcta.
b. De selección de la respuesta incorrecta: en este caso se le pide al alumnado que marque la respuesta que **no es correcta.**
c. De ordenamiento (temporal, causal, histórico, etc.): el alumnado debe elegir entre una serie de hechos o conceptos que aparecen **desordenados,** los cuales debe **ordenar** con el criterio que se haya establecido.

7. De las siguientes frases, indica cuál es verdadera o falsa:

a. El espacio en el que se van a llevar a cabo las pruebas no es un factor importante.

- Verdadero
- **Falso**

b. Es necesario tener en cuenta el tiempo que hace falta para la realización de la prueba.

- **Verdadero**
- Falso

c. Se debe establecer un ambiente de tranquilidad antes de comenzar la prueba.

- **Verdadero**
- Falso

d. Los datos de identificación del alumnado aparecen en las instrucciones generales.

- Verdadero
- **Falso**

8. Relaciona las siguientes definiciones con los términos correspondientes:

a. Se determina el mínimo para la superación de la prueba tras la realización de la misma.
b. Se determina el mínimo para la superación antes de realizarla.

b. Sistema de conversión criterial.
a. Sistema de conversión normativo.

9. Establece los aspectos que hay que tener en cuenta en la estructura de una prueba objetiva.

- Instrucciones. Deben indicar al evaluando qué se espera de él, cómo debe responder, dónde debe registrar su respuesta, qué puntuación tiene cada pregunta.
- Ordenamiento de los ítems. El orden de los ítems no debe dejarse al azar, sino que debe responder a factores como:

  · Tipo de ítem. Si la prueba tiene distintos ítems se deben agrupar todos los que son del mismo tipo.
  · Nivel de dificultad. Es aconsejable presentar primero los ítems de menor dificultad para después ir incrementándola.
  · Secuencia instruccional. Es preferible realizar las preguntas en el orden en el que fueron dados los conocimientos.
  · Numeración de los ítems. Cada pregunta debe estar correctamente numerada.
  · Cantidad de ítems. Debe estar de acuerdo a los aprendizajes adquiridos.

- Tiempo de la prueba. Este dependerá de la dificultad y del número de preguntas, debiendo dar el tiempo suficiente.

10. Enumera los pasos a seguir para la corrección de la prueba objetiva.

1. Elaborar previamente un patrón de respuestas del examen.
2. Calificar de manera anónima.
3. Puede ir calificando por ítems.
4. Hay que informar de antemano al alumnado sobre la calificación.

11. Relaciona los siguientes elementos.

a. Lista de control.
b. Escalas de estimación.
c. Registros anecdóticos.
d. Diarios de trabajo.

c. Son registros que se realizan en el momento en el que se produce la actividad, permitiendo recoger todos los datos posibles.

d. Registros que tienen continuidad en el tiempo, permitiendo una valoración más amplia.

b. Escala de valores que determina el grado en el que se realiza la actividad.

a. Se registra si el alumnado realiza o no las conductas previamente fijadas.

12. Indica al menos dos tipos de pruebas orales.

• Examen oral.
• Exposiciones.
• Debates.

13. ¿Qué son las pruebas denominadas ensayo?

Se trata de pruebas que tienen una o más preguntas, donde el alumnado tiene que contestar de manera elaborada y original. Sirven para medir aprendizajes que no se pueden medir con pruebas objetivas como la capacidad para estructurar y organizar ideas, resolución de problemas, valoración de determinados aspectos, etc.

Ejercicios de autoevaluación
Unidad de Aprendizaje 3

1. **De las siguientes afirmaciones, indica cuál es verdadera o falsa:**

   a. Todos los instrumentos que se utilizan para evaluar deben tener fiabilidad y validez.

   - ■ **Verdadero**
   - ■ Falso

   b. En las pruebas prácticas se coloca al alumnado en situaciones que simulan la realidad.

   - ■ **Verdadero**
   - ■ Falso

   c. La modalidad de impartición del curso de formación no incide en la realización de pruebas prácticas.

   - ■ Verdadero
   - ■ **Falso**

   d. Las pruebas prácticas son de fácil preparación y aplicación.

   - ■ Verdadero
   - ■ **Falso**

2. **Completa las siguientes oraciones:**

   Las listas de cotejo son **instrumentos** que nos van a permitir determinar si el alumnado realiza o no un determinado **comportamiento.**

   Para establecer una valoración o **puntuación** podemos dividir el número de respuestas positivas entre el **total** de aspectos a evaluar y multiplicarlo por **cien** para obtener el porcentaje.

3. Enumera los pasos para el diseño de pruebas prácticas:

1. Establecer las competencias profesionales que se quieren evaluar.
2. Identificar los criterios de evaluación.
3. Describir el tipo de prácticas que se van a llevar a cabo, lo cual dependerá en gran medida de la modalidad de impartición del curso de formación.
4. Especificar cómo van a evaluarse, determinando los criterios que se van a seguir, instrumentos a utilizar y cómo se va a puntuar.
5. Realizar una hoja de evaluación en la que recoger los datos.
6. Interpretar los datos recogidos y asignar la puntuación.

4. Relaciona cada tipo de escala de calificación con la definición correspondiente.

a. Escala numérica.
b. Escala gráfica.
c. Escala descriptiva.

c. Se describe con más detalle el comportamiento a observar.
a. El grado con el que se ejecuta el comportamiento se establece con números.
b. La intensidad del comportamiento se expresa en categorías.

5. Realiza una tabla comparativa en la que aparezcan las principales características de las listas de cotejo y las escalas de calificación.

Listas de cotejo	Escalas de calificación
Instrumento de evaluación de prácticas	Instrumento de evaluación de prácticas
El evaluador registra la conducta con un "sí" o un "no"	El evaluador registra la conducta en una escala
Es útil para evaluar destrezas	Es útil para evaluar destrezas

6. Define los tipos de pruebas prácticas en función de los requerimientos que se le pidan al alumnado.

- Identificación o reconocimiento de la adecuación de un procedimiento, como si es correcto o no el proceso descrito para la utilización de un cortacésped.
- Ejecutar una tarea de forma simulada a pequeña escala. Ejemplo: hacer la RCP a un muñeco tras la realización de un curso de socorrismo.
- Realizar una tarea muy representativa de los objetivos a evaluar. Ejemplo: realizar un *role-playing* en el que se tenga que hacer todo el proceso de rescate de una persona que se está ahogando.

7. Define los conceptos de fiabilidad y validez.

- Fiabilidad. Hace referencia a la consistencia y estabilidad que tienen las mediciones obtenidas, es decir, si aplicada a los mismos sujetos en distintas situaciones, los resultados son similares.
- Validez. Hace referencia a si la prueba mide lo que se quiere medir, en el caso que nos ocupa, aprendizajes prácticos.

8. ¿Qué tipos de rendimiento se pueden evaluar con la realización de pruebas prácticas?

- Si el alumno es capaz de llevar a cabo una actividad en la que tiene que poner en práctica sus habilidades y destrezas, teniendo en cuenta para su corrección todo el proceso llevado a cabo por el alumno.
- El resultado final. En este caso, lo que importa es el resultado, no el proceso y este será el criterio para su corrección.
- Ambos aspectos, tanto el proceso como el resultado.

9. **Señala verdadero o falso en las siguientes oraciones.**

   a. En la hoja de evaluación de prácticas el alumno señala las actividades que ha desempeñado.

      ■ Verdadero
      ■ **Falso**

   b. La escala de Likert también se denomina método de evaluaciones sumarias.

      ■ **Verdadero**
      ■ Falso

   c. La escala de Likert suele emplearse en investigaciones de ciencias económicas.

      ■ Verdadero
      ■ **Falso**

   d. La hoja de registro va a servir para hacer una recogida de datos, unificando y clasificando información según las categorías que se consideren necesarias.

      ■ **Verdadero**
      ■ Falso

10. **Explica por qué la hoja de evaluación de prácticas debe realizarse en un cuadro de doble entrada.**

Porque debemos relacionar por un lado las actividades que el alumnado debe realizar y por otro los factores que describen los criterios de calificación. Es por esto que se necesita un cuadro de doble entrada, para que los dos valores estén relacionados.

11. **Ordena la siguiente secuencia correspondiente a la hoja de evaluación de prácticas según el orden de elaboración.**

   3. Realizar una lista de operaciones a observar de cada una de las prácticas.
   2. Establecer el número de prácticas a evaluar y su tipo.

5. Establecer factores como la autonomía, la cooperación en el trabajo, etc., y adjudicar una puntuación a cada una de ellas.

1. Describir los objetivos a evaluar.

6. Describir el significado de los factores anteriores dentro del propio contexto de la prueba.

7. Construir el instrumento para medir estos factores, la hoja de evaluación de prácticas.

4. Sopesar las operaciones en función de la importancia que tengan en su conjunto y establecer la puntuación máxima que se pueda obtener.

12. Completa los huecos en las descripciones de cada uno de los pasos para la elaboración de una escala de Likert.

    a. Se recogen ítems relacionados con la **actitud** que se desee medir. Se elaboran **enunciados** afirmativos y negativos sobre la actitud que se quiera puntuar. Cada ítem está estructurado con **cinco** alternativas de respuesta:

        · Totalmente de acuerdo
        · **De acuerdo**
        · **Indiferente**
        · En desacuerdo
        · Totalmente en desacuerdo

    b. Aplicación de la escala, pidiendo a los sujetos que la realizan que se posicionen en **acuerdo o desacuerdo** frente a cada ítem.

    c. Asignación de **puntos** a los ítems. Esta calificación se asigna de acuerdo a la dirección **positiva o negativa** del ítem.

    d. Asignación de puntos a los sujetos, obtenida a través de las **puntuaciones** de los ítems.

    e. Para asegurar la **fiabilidad** se analizan y seleccionan los ítems mediante pruebas **estadísticas**.

13. Escribe un ejemplo de ítem de dirección negativa e ítem de dirección positiva, pertenecientes estos a la escala de Likert.

• Ítem negativo: "No me siento identificado/a con las conclusiones obtenidas".

• Ítem positivo: "Estoy de acuerdo con realizar debates en clase".

14. Completa la siguiente tabla con las frases del recuadro siguiendo el orden de elaboración de una hoja de registro.

a. Diseñar el formato de las hojas de registros, con datos como: fechas, personas que recogen la información, etc.
b. Definir el alcance de los datos a recoger.
c. Fijar la periodicidad de los datos a recoger.
d. Identificar el elemento de estudio.

Elaboración Hoja de Registro
1. Identificar el elemento de estudio.
2. Definir el alcance de los datos a recoger.
3. Fijar la periodicidad de los datos a recoger.
4. Diseñar el formato de las hojas de registros, con datos como: fechas, personas que recogen la información, etc.

15. ¿Por qué crees que son necesarias las instrucciones para la aplicación de pruebas al alumnado?

Porque el desarrollo y la realización de la misma deben ser lo mejor posible, y estas instrucciones básicas serán el protocolo de actuación de todos los alumnos durante la prueba, siempre en las mismas condiciones.

El alumno en todo momento deberá tener claro cómo debe responder a las distintas pruebas para poder realizarlas correctamente.

Ejercicios de autoevaluación
Unidad de Aprendizaje 4

1. Contesta verdadero o falso a las siguientes características sobre los criterios de evaluación:

    a. Deben ser flexibles y capaces de adaptarse a algunos tipos de cambios.

        ■ **Verdadero**
        ■ Falso

    b. No deben ser conocidos ni aceptados por todos los agentes intervinientes.

        ■ Verdadero
        ■ **Falso**

    c. Deben ser claros.

        ■ **Verdadero**
        ■ Falso

2. Comenta las ventajas de las técnicas cuantitativas y cualitativas.

Ventaja técnica cuantitativa: la ventaja de esta técnica según los expertos y defensores consiste en su mayor objetividad. Asimismo, se reduce con ello al mínimo la subjetividad de quien realiza el trabajo.

Ventaja técnica cualitativa: las técnicas cualitativas se caracterizan por su integralidad e individualidad, ya que abarcan diversos aspectos y son pensadas en función de las necesidades personales de cada alumno, lo que supone una gran ventaja.

3. Relaciona los siguientes instrumentos cualitativos con cada una de sus descripciones.

    a. Lista de cotejo
    b. Cuestionario
    c. Diario
    d. Escala de estimación

c. Es un instrumento donde se registra información sobre la vida del aula, reflejando lo que se piensa, se siente y se hace. Ayuda a reflexionar sobre la propia actuación.

d. Evalúan actitudes e intereses a lo largo del tiempo. A partir de una pregunta se baraja un rango de respuesta, entre tres y cinco. Para elaborarlas se ha de realizar un muestreo de los comportamientos que van a evaluarse y de los criterios que describirán las diferencias entre los alumnos. Puede ser numérica, gráfica o verbal.

b. Permite una rápida recogida de datos y es de evaluación fácil. Consta de una serie de ítems ordenados de menor a mayor dificultad que deben ser respondidos con total objetividad.

a. Este instrumento también deriva de la observación, y corresponde a una situación más controlada. Evalúa saberes procedimentales y declarativos. Para su elaboración hay que definir cuáles serán los indicadores que quieren ser evaluados para así poder identificar los criterios de logro de una manera descriptiva.

4. ¿A qué instrumento pertenece esta imagen? ¿Es cualitativo o cuantitativo?

PUNTOS A EVALUAR	EXCELENTE	BUENO	REGULAR	DEFICIENTE
Expresión oral		☆		
Capacidad de escuchar		☆		
Capacidad de aprender		☆		
Buena disposición para aceptar críticas		☆		
Respeta las opiniones de los demás	⬠			
Cumple con el tiempo para su intervención	⬠			

A una escala de estimación, es cualitativo.

5. ¿Cuál es el objetivo de la hoja de seguimiento?

Tiene como objetivo presentar distintas observaciones sobre unos mismos aspectos a lo largo de un proceso temporal.

6. ¿A qué instrumento pertenece esta definición: "documento en el cual se realizan distintos tipos de preguntas-ítems redactadas de forma coherente que pretenden recoger información acerca de un contenido concreto sobre el que se quiera investigar"?

A un cuestionario.

7. Define los siguientes términos: preguntas abiertas, preguntas cerradas, preguntas en batería y preguntas introductorias o motivadoras.

- Preguntas abiertas. Son aquellas en las que el encuestado puede responder cualquier cosa según la pregunta, son difíciles para tabular pero ricas en detalles.
- Preguntas cerradas. Solo se permite contestar a una serie de alternativas.
- Preguntas en batería. Aquellas que se planifican para realizarlas secuencialmente en función de la respuesta dada a la pregunta anterior.
- Preguntas introductoras o motivadoras. Su único objetivo es despertar el interés de la persona que realiza el cuestionario, normalmente las respuestas no se tienen en cuenta, ya que en la mayoría de los casos su único objetivo es facilitar la realización del cuestionario.

8. Señala verdadero o falso en las siguientes oraciones:

a. Antes, durante y después de un proceso formativo es necesario realizar una evaluación y un seguimiento.

- ■ **Verdadero**
- ■ Falso

b. Evaluación y seguimiento formativo es lo mismo.

- ■ Verdadero
- ■ **Falso**

c. No es necesario planificar el seguimiento formativo. Se puede ir haciéndolo según se vayan presentando los acontecimientos.

- ■ Verdadero
- ■ **Falso**

d. El seguimiento formativo va a permitir detectar errores y corregirlos.

- ■ **Verdadero**
- ■ Falso

9. Describe las finalidades del seguimiento formativo:

- Reflexionar sobre el proceso formativo para poder realizar los cambios que se consideren oportunos con el objetivo de mejorarlo.
- Superar las dificultades que se vayan encontrando durante el proceso formativo.
- Adaptar el proceso formativo diseñado a la realidad que nos vamos a encontrar.
- Adecuar los recursos que sean necesarios.
- Tener información constante del proceso formativo.

10. Relaciona las distintas perspectivas de la evaluación con su definición:

    a. Nivel de satisfacción del alumnado.
    b. Nivel de aprendizaje de conocimientos.
    c. Nivel de aprendizaje de capacidades.
    d. Nivel de aplicación de lo aprendido.
    e. Nivel del efecto en indicadores de calidad o productividad.
    f. Impacto económico.

    e. Con esta evaluación se pretende conocer si la acción formativa es rentable o beneficiosa con a la formación conseguida por el alumnado.
    a. Opinión del alumnado con respecto a la acción formativa.
    f. Se evalúa la rentabilidad con respecto al ámbito económico.
    b. Con esta evaluación se pretende saber si se ha conseguido que el alumnado alcance los conocimientos.
    d. Saber si el alumnado es capaz de aplicar lo aprendido.
    c. También hay que evaluar el saber hacer del alumnado.

11. Señala las características de la evaluación de las acciones formativas:

- Es individualizada, teniendo en cuenta las características y necesidades del alumnado.
- Se adecuarán los instrumentos a las necesidades del proceso.
- Se buscará la participación de todos los agentes implicados.
- La información que se vaya recogiendo servirá para mejorar el proceso.

12. Completa los espacios para que las frases sean correctas:

Con respecto al seguimiento del aprendizaje se tendrán en cuenta los distintos tipos de **conocimientos** (conceptuales, procedimentales y actitudinales), así como la **motivación** y la **satisfacción** del alumnado.

Por otro lado, en cuanto al seguimiento de la **enseñanza,** será necesario determinar si todos los elementos implicados en el proceso de enseñanza son adecuados (objetivos, contenidos, **metodología,** actividades, técnicas, recursos y **evaluación).**

actividades

Actividad 1

Carmen es tutora especializada en la familia profesional de Agraria. Ya ha finalizado el desarrollo del curso que este año ha tenido que impartir, que ha sido el módulo formativo MF0520_1 Operaciones básicas en viveros y centros de jardinería, perteneciente al certificado profesional AGAO0108 Actividades auxiliares en viveros, jardines y centros de jardinería.

A lo largo del curso, Carmen ha tenido que hacer varios tipos de evaluación para comprobar el nivel aprendizaje y conocimientos de sus alumnos. A continuación, se describen varios de estos tipos de evaluación que ha ido desarrollando, para que identifiques en cada uno de ellos de qué tipo se trata atendiendo a su finalidad, momento de realización y el agente evaluador.

1. En función del momento de la evaluación, identifica el tipo de evaluación que se ha realizado.

    1.1. A lo largo del desarrollo del capítulo 2 "Preparación del medio de cultivo", Carmen realiza una prueba de evaluación para comprobar que los alumnos comprendieron lo que se explicó en día anterior, sin esperar a terminar el desarrollo del capítulo.

    a. Evaluación final
    b. Evaluación continua
    c. Evaluación inicial

    1.2. Cuando se han visto los seis capítulos que compone dicho módulo, Carmen ha realizado una prueba de evaluación para valorar los conocimientos que han conseguido los alumnos de todos los capítulos.

    a. Evaluación final
    b. Evaluación continua
    c. Evaluación inicial

    1.3. Al comienzo del curso, Carmen hace una evaluación para ver las ideas previas que tienen los alumnos sobre las actividades que se llevan a cabo en viveros y centros de jardinería.

a. Evaluación final
b. Evaluación continua
c. Evaluación inicial

2. En función del agente evaluador, identifica el tipo de evaluación que se ha realizado.

    2.1. En las prácticas del módulo, los alumnos en grupos deben llevar a cabo las medidas de prevención de riesgos laborales a la hora de hacer las prácticas y, entre ellos, deben valorar si sus compañeros han realizado bien dicha labor o no.

        a. Evaluación externa
        b. Evaluación interna

    2.2. En una de las prácticas del módulo, los alumnos visitaron un centro de jardinería que hay cerca del centro de formación. En el centro de jardinería, el encargado del centro propuso una serie de actividades para que los alumnos etiqueten las plantas correctamente y las limpien para su presentación. Al final de la visita, el encargado del centro de jardinería indicó cuáles eran los alumnos que mejor habían hecho dichas prácticas.

        a. Evaluación externa
        b. Evaluación interna

3. En función de la finalidad, identifica el tipo de evaluación que se ha realizado.

    3.1. Durante todo el curso, cada alumno ha tenido que cuidar unas plantas que les fueron asignadas al principio del curso. En los últimos días del curso, Carmen valoró el resultado final de cada una de las plantas.

        a. Evaluación sumativa
        b. Evaluación formativa

    3.2. Al igual que cada alumno ha tenido que cuidar unas plantas, en concreto una cada uno, todos de forma general se han dedicado a lo largo del curso a mantener las jardineras que hay en la entrada del centro.

Carmen ha ido valorando a lo largo del curso si las plantas se han ido cuidando bien o no.

a. **Evaluación sumativa**
b. **Evaluación formativa**

Solución

Caso 1.1: se realiza una evaluación continua, ya que se realiza durante el desarrollo de la acción formativa.

Caso 1.2: se realiza una evaluación final, ya que se realiza al finalizar la acción formativa.

Caso 1.3: se realiza una evaluación inicial, ya que se realiza al inicio de la acción formativa.

Caso 2.1: se realiza una evaluación interna, ya que los agentes evaluadores son los propios alumnos.

Caso 2.2: se realiza una evaluación externa, ya que el agente evaluador es el encargado del centro de jardinería.

Caso 3.1: se realiza una evaluación sumativa, ya que se ha valorado el resultado final.

Caso 3.2: se realiza una evaluación formativa, ya que se ha valorado el proceso que se ha ido llevando a cabo.

Actividad 2

Tal y como se estudió con anterioridad con la Taxanomía de Bloom, el conocimiento de un contenido puede requerirse en varios niveles: recordar, identificar, seleccionar, aplicar, etc., que varían de los más simples a los más complejos.

1. Identifica dichos niveles en la siguiente actividad:

Indique cuáles son los elementos que componen la matriz del proyecto (MP):

a. Insumos.
b. Árbol de problemas.
c. Indicadores.
d. Factores externos (supuestos).

a. Conocimiento
b. Comprensión
c. Aplicación

2. Identifica dichos niveles de la siguiente actividad:

Indica si la siguiente afirmación sobre el taller de moderación es verdadera o falsa.

Es importante desarrollar el taller sobre el enfoque de marco lógico en el contexto en el cual se va a realizar el proyecto, y que el moderador del mismo sea experto en esta herramienta, además de no tener relación directa con los implicados.

- Verdadero
- Falso

a. Conocimiento
b. Comprensión
c. Aplicación

3. Identifica dichos niveles de la siguiente actividad:

Usted es autónomo y un posible cliente le hace un encargo para elaborar una web dinámica para un producto editorial multimedia de educación.

¿Qué parámetros debería tener en cuenta para valorar la rentabilidad de la adquisición de un nuevo equipo?

a. Sería recomendable tener un buen equipo porque si es una web dinámica se necesitaría una buena tarjeta gráfica, ya que necesitaríamos utilizar Flash o un programa similar con ActionScript.

b. También sería conveniente tener una máquina virtual.

c. Sería conveniente que previamente realice un estudio de precios de coste de dicho equipo.

a. Conocimiento
b. Comprensión
c. Aplicación

4. Una vez elaborados los ítems de la prueba de evaluación que has realizado de un capítulo del curso de grafista-maquetista, te dispones a agruparlos por su tipología. Identifica el siguiente enunciado de tu prueba.

Conteste verdadero o falso en la siguiente afirmación.

a. Ordenamiento
b. Verdadero/Falso
c. Emparejamiento

5. Una vez elaborados los ítems de la prueba de evaluación que has realizado de un capítulo del curso de grafista-maquetista, te dispones a agruparlos por su tipología.

Identifica el siguiente enunciado de tu prueba.

Ordene de forma cronológica los siguientes sucesos.

    a. Ordenamiento
    b. Verdadero/Falso
    c. Emparejamiento

6. Una vez elaborados los ítems de la prueba de evaluación que has realizado de un capítulo del curso de grafista-maquetista, te dispones a agruparlos por su tipología.

Identifica el siguiente enunciado de tu prueba.

Una cada enunciado con la respuesta correcta.

    a. Ordenamiento
    b. Verdadero/Falso
    c. Emparejamiento

Solución

1. Este tipo de enunciado implica el nivel de conocimiento de materiales aprendidos por medio de términos, conceptos básicos y respuestas. Son, en modo general, elementos que deben memorizarse.
2. Este enunciado hace referencia al nivel de entendimiento de la información, captación del significado e interpretación de

hechos. Interpretando el contenido para demostrar la idea o hecho correcto.

3. En este tipo de enunciado se emplea el uso de conocimiento nuevo, que coincide con el nivel de aplicación; el conocimiento de aplicación concierne a la interrelación de principios y generalizaciones con casos más particulares o prácticos. Hacer uso de la información utilizando métodos, conceptos, etc.

4. En el tipo de enunciado de verdadero/falso, la respuesta exige decidir por separado la corrección o incorrección de un grupo de afirmaciones.

5. En este tipo de ítems el alumnado debe elegir entre una serie de hechos o conceptos que aparecen desordenados, los cuales debe ordenar con el criterio que se haya establecido.

6. Este ítem se compone de dos listas, una de premisas y otra de respuestas las cuales deben emparejarse.

Actividad 3

Soledad es tutora de la familia profesional de Agraria, concretamente del certificado profesional AGAO0208: Instalación y mantenimiento de jardines y zonas verdes. Quiere plantear la evaluación de la unidad 4 titulada *Implantación de elementos vegetales del jardín.* Indica para cada una de las siguientes situaciones (aprendizajes simples o complejos, contenido teórico, práctico y profesional), qué tipo de instrumento de evaluación crees que es el más adecuado.

1. Soledad quiere evaluar si el alumnado sabe distinguir los tipos de especies vegetales de interés ornamental.

    a. Lista de control.
    b. Ejercicio de selección simple.
    c. Ejercicio interpretativo.

2. Soledad quiere evaluar si el alumnado sabe aplicar las normas de calidad del material vegetal. Para ello, va a plantear varias situaciones donde se han aplicado las normas de calidad y el alumnado deberá detectar en cuáles de ellas se han empleado de forma errónea.

    a. Lista de control.
    b. Ejercicio de selección simple.
    c. Ejercicio interpretativo.

3. Soledad quiere evaluar si el alumnado conoce el procedimiento que se lleva a cabo en los métodos de entutorado que se han visto a lo largo de la unidad.

    a. Ejercicio de verdadero o falso.
    b. Escala de estimación y valoración.

Solución

1. Con el ejercicio de selección simple el alumnado podrá seleccionar y distinguir, de entre varias opciones sobre posibles especies vegetales propuestas, cuál es la especie correcta. La lista de control es un instrumento que sirve para valorar conductas y un ejercicio interpretativo suele ser empleado para interpretar información a partir de gráficas o tablas, por lo tanto no podrían ser válidos para esta evaluación.
2. A través del ejercicio interpretativo el alumnado tendrá que interpretar la información dada en cada una de las situaciones planteadas y extraer sus propias conclusiones según la misma.
3. Gracias a la escala de estimación podrá evaluar el grado en el que el alumnado va realizando dichos procedimientos de entutorado. Soledad podrá elaborar una escala numérica, descriptiva o gráfica.

Actividad 4

Susana tutora especializada en la familia profesional de Agraria, tiene que llevar a cabo las prácticas profesionales del UF0009: Mantenimiento, preparación y manejo de tractores, perteneciente al certificado profesional AGAC0108 Cultivos herbáceos en modalidad presencial, por lo que se dispone a concretar qué tipo de instrumentos de evaluación va a utilizar para cada una de las prácticas que va a desarrollar con el alumnado.

Selecciona de las siguientes situaciones qué instrumento debe utilizar Susana para evaluar la práctica del curso, en función de lo que quiere evaluar.

1. El alumnado debe ordenar y seleccionar las herramientas, útiles y materiales necesarios para cada operación; Susana

quiere valorar si el alumnado selecciona y ordena o no cada herramienta, útiles y materiales.

    a. Lista de cotejo
    b. Hojas de registro
    c. Escala de Likert

2. El alumnado debe ejecutar las operaciones de mantenimiento de uso de cada una de las partes de la máquina. Para ello, Susana quiere hacer un listado de las partes de la máquina y otro con los criterios de calificación, para valorar tanto si se ha realizado como no la tarea y el nivel de perfección que se ha llevado a cabo.

    a. Lista de cotejo
    b. Hojas de evaluación de prácticas
    c. Escala de Likert

3. El alumnado debe comprobar el correcto funcionamiento de la máquina después de su mantenimiento; Susana quiere valorar la intensidad con la que se realiza la comprobación del correcto funcionamiento de la máquina.

    a. Lista de cotejo
    b. Escala de calificación

4. El alumnado debe realizar las técnicas de primeros auxilios en la simulación de un accidente; Susana quiere valorar la actitud con la que el alumnado realiza la práctica, ya que es muy importante realizar correctamente los primeros auxilios.

    a. Lista de cotejo
    b. Escala de Likert
    c. Escala de calificación

5. El alumnado debe eliminar los residuos o subproductos de mantenimiento. Para ello, Susana va a valorar la periodicidad con la que el alumnado realiza esta tarea y si los elimina correctamente, tener en cuenta la fecha de los días que realiza esta tarea y los días que no la ha realizado.

    a. Lista de cotejo
    b. Hojas de registro
    c. Escala de calificación

Solución

1. En este caso, para valorar si el alumnado selecciona y ordena o no cada herramienta, útiles y materiales, el instrumento adecuado es la lista de cotejo.
2. En este caso, para valorar tanto si se ha realizado la tarea y el nivel de perfección que se ha llevado a cabo, el instrumento adecuado es la hoja de evaluación de prácticas.
3. En este caso, para valorar la intensidad con la que se realiza la tarea, el instrumento adecuado es la escala de calificación.
4. En este caso, para valorar la actitud con la que el alumnado realiza la práctica, el instrumento adecuado es la escala de Likert.
5. En este caso, para valorar la periodicidad con la que el alumnado realiza la tarea y si lo hace correctamente, el instrumento adecuado es la hoja de registro.

Actividad 5

Carmen y Susana son las tutoras del curso de Evaluación del proceso de enseñanza-aprendizaje en formación profesional. Su principal objetivo es elaborar los indicadores de evaluación, cumpliendo con el control de calidad que conlleva la eficacia y la eficiencia. Identifícalos entre las siguientes opciones:

a. Aprendizaje en equipo.
b. Establece relaciones positivas con otros participantes de la acción colaborativa.
c. Muestra que interioriza modos de resolver problemas aprendiendo de los demás.
d. Desarrollo de la autonomía personal.
e. Resuelve problemas y realiza tareas auténticas, que permiten comprender el valor del uso activo del conocimiento.
f. Favorece el diálogo en torno a procesos cognitivos.

Solución

Los indicadores de evaluación relacionados con la eficacia y la eficiencia son:

- Establece relaciones positivas con otros participantes de la acción colaborativa.
- Muestra que interioriza modos de resolver problemas aprendiendo de los demás.
- Resuelve problemas y realiza tareas auténticas, que permiten comprender el valor del uso activo del conocimiento.
- Favorece el diálogo en torno a procesos cognitivos.

El aprendizaje en equipo y el desarrollo de la autonomía personal no son actitudes sobre el rendimiento del alumnado.

Orientación laboral y promoción de la calidad en la Formación Profesional para el empleo

Ejercicios de autoevaluación
Unidad de Aprendizaje 1

1. De las siguientes frases, indica cuál es verdadera o falsa.

   a. Las empresas no valoran la experiencia profesional como positiva.

      ■ Verdadero
      ■ **Falso**

   b. Para todos los puestos de trabajo se requieren las mismas habilidades.

      ■ Verdadero
      ■ **Falso**

   c. La autoestima y la ansiedad son aspectos de la personalidad que influyen en la búsqueda de empleo.

      ■ **Verdadero**
      ■ Falso

2. Completa la siguiente oración.

El perfil profesional es la capacidad que tiene un trabajador de **poner en práctica** de manera integral sus **conocimientos,** habilidades, **experiencia** y características personales en un puesto determinado.

3. ¿Qué elementos componen el mercado laboral?

Los empresarios, los trabajadores, los intermediarios y el contexto socio-laboral.

4. Un buen trabajador debe...

   a. ... ser creativo e innovador.
   b. ... ser responsable de su toma de decisiones.
   c. ... tener buenas habilidades comunicativas.
   d. **Todas las opciones son correctas.**

5. ¿Existen contratos de trabajo formativos? Si tu respuesta es afirmativa, indica los tipos.

Sí, los contratos de formación en alternancia y los contratos para la obtención de la práctica profesional.

6. Relaciona los siguientes elementos:

a. Autoempleo.
b. Trabajo a distancia.
c. Contratos de trabajo.

<u>c.</u> Trabajar en una empresa.
<u>a.</u> Crear su propia empresa.
<u>b.</u> Trabajar sin necesidad de presencia física.

7. ¿Qué elementos componen la matriz DAFO?

Factores internos: debilidades y fortalezas. Factores externos: amenazas y oportunidades.

8. Completa los huecos con las siguientes palabras: TELECENTROS - AUTÓNOMO - MÓVIL.

a. El trabajador ofrece sus servicios desde casa para tareas determinadas, trabajando como **autónomo,** sin existir relación laboral entre quien hace el encargo y el trabajador que lo realiza.
b. El trabajo se realiza de forma **móvil,** trabajando donde surja la necesidad de trabajar, desarrollando su actividad en diferentes lugares. Los **telecentros** son centros que se crean para que los empleados no tengan que realizar un largo viaje para ir a trabajar.

9. Enumera los nuevos yacimientos de empleo.

Servicios de la vida diaria, servicios de mejora del marco de la vida, servicios culturales y de ocio y servicios de medio ambiente.

10. **En los itinerarios formativos y profesionales los objetivos deben ser:**

    a. Concretos.
    b. Alcanzables.
    c. **Ambas respuestas son correctas.**

11. **Enumera los tres inconvenientes principales del autoempleo.**

Asumir el riesgo de perderlo todo, dedicar a la empresa demasiado tiempo y una alta responsabilidad en la toma de decisiones y gestiones que se llevan a cabo.

Ejercicios de autoevaluación
Unidad de Aprendizaje 2

1. Las siglas INE hacen referencia...

    a. ... al Instituto Nacional del Estado.
    b. ... al Instituto Nacional de Estadística.
    c. ... a la Investigación Nacional de Estadística.

2. Completa el siguiente texto:

El observatorio de **empleo** es una unidad técnica encargada de **analizar** la situación del mercado de **trabajo** y sus tendencias, las profesiones, ocupaciones y perfiles.

3. ¿Qué significa OPEA? Indica cuáles son sus dos líneas de actuación.

Orientación Profesional para el Empleo y asistencia para el Autoempleo. Líneas de actuación: orientación para el empleo y autoempleo.

4. ¿Qué actividad no es competencia de los gabinetes de orientación en las universidades?

    a. Atención individualizada.
    b. Información sobre prácticas.
    c. Ofrecer empleo a sus usuarios.

5. Nombra los tipos de cartas de presentación que existen.

Las cartas que responden a una oferta de empleo y la autocandidatura.

6. Ordena, según el orden de aparición, los elementos que aparecen en una carta de presentación.

    7. Despedida.
    1. Encabezamiento.
    4. Motivo por el que se envía la carta.

6. Deseo de concretar una entrevista.
5. Razones por las que se quiere trabajar en la empresa.
2. Fecha.
3. Saludo de cortesía.

7. ¿Qué pasos deben seguirse para usar de forma correcta un portal de empleo?

a. Registrarse en el portal.

b. Insertar el currículum vítae.

c. Buscar ofertas en la base de datos.

8. Indica si son verdaderas o falsas las siguientes afirmaciones:

a. La red de contactos no es un medio efectivo para buscar empleo.

■ Verdadero
■ **Falso**

b. En los periódicos se publican ofertas de empleo.

■ **Verdadero**
■ Falso

c. Los portales de empleo cada vez se usan menos.

■ Verdadero
■ **Falso**

d. Para realizar una búsqueda de empleo eficaz, hay que centrarse en la modalidad de empleo que se busca.

■ **Verdadero**
■ Falso

9. Cuando se elabora un historial sobre la formación y experiencia laboral que cualifican para un puesto de trabajo, se habla de...

    a. ... entrevista.
    b. ... carta de presentación.
    c. ... currículum vítae.

10. ¿Dónde pueden gestionar una prestación por desempleo?

    a. OPEA.
    b. SEPE.
    c. Tutores de empleo.

11. Relaciona los siguientes elementos en función de si son portales de empleo o empresas de trabajo temporal:

    a. Jobtoday
    b. Infoempleo
    c. Randstad
    d. Adecco
    e. Infojobs

    a. b. e. Portal de empleo
    c. d. Empresa de trabajo temporal

12. Las empresas que se consideran intermediarias entre la entidad que contrata y los demandantes de empleo son:

    a. Gabinetes de orientación
    b. Tutores de empleo
    c. Empresas de selección

Ejercicios de autoevaluación
Unidad de Aprendizaje 3

1. Los Centros de Referencia Nacional son:

    a. De carácter público y autonómico.
    b. De carácter privado y estatal.
    c. De carácter público y estatal.

2. Completa las familias profesionales por las que se agrupan los Centros de Referencia Nacional:

GESTIÓN - ARTESANÍAS - MANTENIMIENTO – VEHÍCULOS - OBRA - MECÁNICA -

ELECTRICIDAD - SOCIOCULTURALES - INDUSTRIAS - ARTES - AGUA - TURISMO -

ALIMENTARIAS - VIDRIO - INFORMÁTICA - MUEBLE - PESQUERA

Administración y **gestión**	**Electricidad** y electrónica	**Industrias** extractivas	Química
Agraria	Energía y **agua**	**Informática** y comunicaciones	Sanidad
Artes gráficas	Fabricación **mecánica**	Instalación y **mantenimiento**	Servicios **socioculturales** y a la comunidad
Artes y **artesanías**	Hostelería y **turismo**	Madera, **mueble** y corcho	Transporte y mantenimiento de **vehículos**
Edificación y **obra** civil	Industrias **alimentarias**	Marítimo-**pesquera**	**Vidrio** y cerámica

3. Indica si son verdaderas o falsas las siguientes afirmaciones referentes al Plan Anual de Evaluación de la Calidad:

    a. Proporciona una visión global de la formación profesional para el empleo.

        ■ **Verdadero**
        ■ Falso

    b. Rinde cuentas a la Administración Pública.

        ■ **Verdadero**
        ■ Falso

    c. No analiza los factores que influyen en las acciones formativas.

        ■ Verdadero
        ■ **Falso**

4. Define qué es un indicador.

Un indicador es un dato o conjunto de datos que ayudan a medir objetivamente la evolución de un proceso o una actividad.

5. ¿A través de qué instrumento se mide la calidad de la formación en la Formación Profesional?

A través de cuestionarios.

6. Relaciona cada acción clave del programa Erasmus+ con su actuación correspondiente.

    a. Acción clave 1
    b. Acción clave 2
    c. Acción clave 3

    b. Cooperación entre organizaciones e instituciones.
    a. Movilidad para el aprendizaje.
    c. Apoyo al desarrollo de políticas y a la cooperación.

7. **En relación a los Centros Integrados de Formación Profesional, señala las respuestas correctas:**

   a. **Facilitan ofertas formativas.**
   b. No se encargan de la orientación para la inserción laboral.
   c. **Pueden ser públicos y privados.**

8. **El Plan de Perfeccionamiento Técnico va destinado a...**

   a. ... docentes de primaria.
   b. ... docentes de secundaria.
   c. **... docentes de formación profesional.**

9. **¿En qué se centra el Plan de Perfeccionamiento Técnico para mejorar las habilidades didácticas de los docentes de formación profesional e incrementar su profesionalidad?**

   - Actualizar los conocimientos profesionales de los formadores en especialidades o competencias del sector que tienen incidencia en su labor docente.
   - Formar a los docentes, tanto teórica como prácticamente, en áreas de nuevas tecnologías, nuevas tendencias de formación o que supongan cierta innovación y en áreas prioritarias de fomento del empleo.
   - Complementar la formación teórica y práctica necesaria en nuevas ocupaciones o especialidades.
   - Adquirir experiencia en entornos reales de trabajo.
   - Satisfacer las aspiraciones de promoción y desarrollo profesional de los docentes, capacitándose para un mejor desempeño de su profesión.

10. **Responde Sí o No a las siguientes preguntas sobre el programa ERasmus+:**

    a. ¿Son de aplicación a este programa las acciones Jean Monnet del Reglamento (UE) 2021/817? **Sí**
    b. Las asociaciones de excelencia entre universidades europeas, ¿son una de las actuaciones de la acción clave para el apoyo a la cooperación? **No**
    c. Las actuaciones de movilidad para el aprendizaje, ¿van dirigidas también al personal de educación de personas adultas? **Sí**

11. ¿Dónde pueden consultarse los Centros Integrados de Formación Profesional que existen en cada comunidad autónoma?

En el portal Todo FP del Ministerio de Educación, Formación Profesional y Deporte.

12. ¿Qué normativa recoge el modelo oficial del cuestionario de calidad de la formación?

La Resolución de 27 de abril de 2009, del Servicio Público de Empleo Estatal.

actividades

Actividad 1

Identifica los instrumentos que se utilizan en la búsqueda de empleo y relaciónalos con su característica:

1. Documento de presentación que acompaña al currículum vítae con el objetivo de presentarlo.

   a. Currículum vítae
   b. Agenda de búsqueda de empleo
   c. Carta de presentación

2. Resumen, tanto de la formación como de la experiencia laboral, que realiza la persona para acceder a un puesto de trabajo.

   a. Currículum vítae
   b. Agenda de búsqueda de empleo
   c. Carta de presentación

3. Instrumento que permite organizar un plan de acciones y actividades que van a llevarse a cabo para buscar empleo.

   a. Currículum vítae
   b. Agenda de búsqueda de empleo
   c. Carta de presentación

SOLUCIÓN

1. Para realizar una búsqueda de empleo con éxito, hay que conocer los distintos instrumentos que se utilizan para la búsqueda de empleo y saber emplearlos correctamente. Una adecuada elaboración de la carta de presentación y currículum vítae y una organización adecuada, son fundamentales para destacar entre el resto de candidatos.

2. Para realizar una búsqueda de empleo con éxito, hay que conocer los distintos instrumentos que se utilizan para la búsqueda de empleo y saber emplearlos correctamente. Una adecuada elaboración de la carta de presentación y currículum vítae y una organización adecuada, son fundamentales para destacar entre el resto de candidatos.

3. Para realizar una búsqueda de empleo con éxito, hay que conocer los distintos instrumentos que se utilizan para la búsqueda de empleo y saber emplearlos correctamente. Una adecuada elaboración de la carta de presentación y currículum vítae y una organización adecuada, son fundamentales para destacar entre el resto de candidatos.